KSIĄŻKA KUCHARSKA NA DESER DLA POCZĄTKUJĄCYCH

100 unikalnych i łatwych do wykonania przepisów, które zaspokoją Twoje pragnienie

Lidyia ZAJĄC

Wszelkie prawa zastrzeżone.

Zastrzeżenie

Informacje zawarte w tym eBooku mają służyć jako obszerny zbiór strategii, na temat których autor tego eBooka przeprowadził badania. Podsumowania, strategie, wskazówki i triki są tylko zaleceniami autora, a przeczytanie tego eBooka nie gwarantuje, że czyjeś wyniki będą dokładnie odzwierciedlać wyniki autora. Autor eBooka dołożył wszelkich uzasadnionych starań, aby zapewnić aktualne i dokładne informacje dla czytelników eBooka. Autor i jego współpracownicy nie ponoszą odpowiedzialności za jakiekolwiek niezamierzone błędy lub pominięcia, które mogą zostać znalezione. Materiał w eBooku może zawierać informacje pochodzące od osób trzecich. Materiały osób trzecich zawierają opinie wyrażone przez ich właścicieli. W związku z tym autor eBooka nie ponosi odpowiedzialności za materiały lub opinie osób trzecich.

Książka elektroniczna jest chroniona prawami autorskimi © 2022 z wszelkimi prawami zastrzeżonymi. Redystrybucja, kopiowanie lub tworzenie prac pochodnych na podstawie tego eBooka w całości lub w części jest nielegalne. Żadna część tego raportu nie może być reprodukowana ani retransmitowana w jakiejkolwiek formie reprodukowanej lub retransmitowanej w jakiejkolwiek formie bez pisemnej wyraźnej i podpisanej zgody autora.

SPIS TREŚCI

SPIS TREŚCI 3
WPROWADZANIE 7
1. WŁOSKIE CIASTO Z KARCZOCHAMI 8
2. CIASTO Z KLOPSIKAMI SPAGHETTI 11
3. CZEKOLADOWA PANNA COTTA 14
4. GALETTE SEROWA Z SALAMI 16
5. PANNA COTTA 19
6. KARMELOWA FLANA 21
7. KREM KATALOŃSKI 23
8. HISZPAŃSKI KREM POMARAŃCZOWO-CYTRYNOWY 26
9. PIJANY MELON 28
10. SORBET MIGDAŁOWY 30
11. HISZPAŃSKI TORT JABŁKOWY 32
12. KREM KARMELOWY 35
13. HISZPAŃSKI SERNIK 37
14. HISZPAŃSKI SMAŻONY BUDYŃ 40
15. WŁOSKIE PIECZONE BRZOSKWINIE 43
16. PIKANTNE WŁOSKIE CIASTO ŚLIWKOWO-ŚLIWKOWE 45
17. HISZPAŃSKIE CUKIERKI ORZECHOWE 48
18. PUDDING Z MIODEM 50
19. HISZPAŃSKI TORT CEBULOWY 53
20. HISZPAŃSKI SUFLET Z PATELNI 56
21. MROŻONY MIÓD SEMIFREDDO 58
22. SORBET Z LIMONKI Z AWOKADO I KOLENDRĄ 61
23. SERNIK Z DYNII 63
24. LODY MOKKA 66
25. PĄCZKI Z WIŚNIAMI I CZEKOLADĄ 68
26. PUDDING JEŻYNOWY 71
27. CIASTO DYNIOWE Z SYROPEM KLONOWYM 73
28. RUSTYKALNY DOMEK PIE 75

29.	Czekoladowe fondue amaretto	78
30.	Flany z sosem malinowym	80
31.	Kulki owocowe w bourbonie	83
32.	Lody z ciastem orzechowym	85
33.	Pudding Chlebowy z Cynamonem	88
34.	Pieczone jabłka karmelowe	91
35.	Podziękuj Ciasto Dyniowe	94
36.	Niskotłuszczowy drobiazg z dyni	96
37.	Ciasto dyniowe	99
38.	Pudding Chia	101
39.	Przysmaki jabłkowe	103
40.	Mus z dyni piżmowej	105
41.	Południowe ciasto ze słodkich ziemniaków	107
42.	Brownies ze słodkich ziemniaków i kawy	110
43.	Suflet kukurydziany na Święto Dziękczynienia	113
44.	Lody Żurawinowe	115
45.	Orzech Petite	118
46.	Suflet z marchwi na Święto Dziękczynienia	121
47.	dynia flanelowa	123
48.	Zapiekanka z Kukurydzy Wiejskiej	127
49.	Żurawinowy Pecan Relish	129
50.	Haszowe Ciasta Z Indyka I Ziemniaków	131
51.	Szewc Jabłkowy	134
52.	Gooey Amish Karmelowe Ciasto	137
53.	Jesienne liście	140
54.	Kompot z owoców żniwnych	142
55.	Święto Dziękczynienia z żurawiną	144
56.	Musująca Żurawina	147
57.	Tort z nadzieniem cytrynowym	149
58.	Czekoladowe fondue amaretto	152
59.	Flany z sosem malinowym	154
60.	Ciasto czekoladowe	157
61.	Flan almendra	160

Nr	Tytuł	Strona
62.	Przyprawione truskawki	163
63.	Jeżynowy głupiec	165
64.	Zabajone	167
65.	Maliny i śmietana	169
66.	Kulki owocowe w bourbonie	171
67.	Mango w stylu indyjskim	173
68.	Włoski sernik	175
69.	Puch cytrynowy	177
70.	Bezy migdałowo-kokosowe	179
71.	Ciasteczka z kawałkami czekolady	181
72.	Ciasteczka z frytkownicy powietrznej	183
73.	Sernik Jagodowy	186
74.	Pączki we frytownicy	189
75.	Ciasto Waniliowe Truskawkowe	192
76.	Szewc jagodowy	195
77.	Ciasto Czekoladowe Bundt	197
78.	Giant PB Cookie	200
79.	Deserowe Bajgle	202
80.	Budyń Chlebowy	204
81.	Mini Ciasta Truskawkowo-Śmietankowe	206
82.	Brazylijski ananas z grilla	208
83.	Banany cynamonowe w kokosowej panierce	210
84.	Bezglutenowe łatwe ciasto kokosowe	213
85.	Pudding Pecan	215
86.	Mus z likieru kawowego	217
87.	Brzoskwiniowy Deser Melba	219
88.	Mrożony Jogurt Cynamonowo Orzechowy	221
89.	Krówka pięciominutowa	223
90.	Skórka Migdalowo-Owsiana	225
91.	Deser Jabłkowy Fantasy	227
92.	Lody o smaku awokado	229
93.	Ciasto z kremem bananowym	231
94.	Jagodowy głupiec	233

95.	Tiramisu z jagodami	235
96.	Karmelki z masłem i rumem	238
97.	Kandyzowana skórka cytrusowa	241
98.	Kardamonowo-Kokosowa Panna Cotta	243
99.	Krem brulee z cykorii	246
100.	Miętowe Fondue Czekoladowe	248

WNIOSEK **250**

WPROWADZANIE

Deser to danie, które kończy posiłek. Kurs składa się ze słodkich potraw, takich jak słodycze i ewentualnie napojów, takich jak wino deserowe i likier. W niektórych częściach świata, takich jak większa część Afryki Środkowej i Zachodniej, a także w większości części Chin, nie ma tradycji na zakończenie posiłku na deserze.

Termin deser może odnosić się do wielu słodyczy, takich jak herbatniki, ciasta, ciasteczka, budynie, żelatyny, lody, ciasta, ciasta, puddingi, makaroniki, słodkie zupy, tarty i sałatki owocowe. Owoce są również powszechnie spotykane w daniach deserowych ze względu na naturalnie występującą słodycz. Niektóre kultury dosładzają potrawy, które są bardziej pikantne do tworzenia deserów.

1. Włoskie ciasto z karczochami

Porcje: 8 porcji

Składnik

- 3 jajka; Bity
- 1 opakowanie 3 uncji serka śmietankowego ze szczypiorkiem; Zmiękczony
- ¾ łyżeczka czosnku w proszku
- ¼ łyżeczki pieprzu
- 1½ szklanki sera mozzarella, częściowo odtłuszczone mleko; Rozdrobnione
- 1 szklanka sera ricotta
- ½ szklanki majonezu
- 1 14 uncji serc karczochów; Osuszony
- ½ 15 uncji fasoli Garbanzo z puszki, w puszkach; wypłukane i osuszone
- 1 2 1/4 uncji Oliwki w plasterkach; Osuszony
- 1 2 uncje słoika Pimientos; Pokrojone w kostkę i odsączone
- 2 łyżki natki pietruszki; Obcięty
- 1 ciasto skórka (9 cali); Niewypieczony
- 2 małe pomidory; Pokrojony

Wskazówki:

a) Połącz jajka, serek śmietankowy, czosnek w proszku i pieprz w dużej misce do mieszania. Połącz 1 szklankę sera mozzarella, ser ricotta i majonez w misce.

b) Mieszaj, aż wszystko się dobrze połączy.

c) Przekrój 2 serca karczochów na pół i odłóż na bok. Posiekaj resztę serc.

d) Wymieszaj ser z posiekanymi sercami, fasolą garbanzo, oliwkami, pimientos i natką pietruszki. Wypełnij skorupkę ciasta mieszanką.

e) Piec przez 30 minut w 350 stopniach. Resztę sera mozzarella i parmezanu należy posypać na wierzchu.

f) Piecz przez kolejne 15 minut lub do zastygnięcia.

g) Odstawić na 10 minut.

h) Na wierzchu ułożyć plastry pomidora i pokrojone w ćwiartki serca karczochów.

i) Obsługiwać

2. Ciasto z klopsikami spaghetti

Porcje: 4-6

Składniki:

- 1 - 26 uncji worek klopsików wołowych
- 1/4 szklanki posiekanej zielonej papryki
- 1/2 szklanki posiekanej cebuli
- 1 - 8 uncji pakiet spaghetti
- 2 jajka, lekko ubite
- 1/2 szklanki startego parmezanu
- 1-1/4 szklanki posiekanego sera mozzarella
- 26 uncji słoik masywny sos do spaghetti

Wskazówki:

a) Rozgrzej piekarnik do 375°F. Smaż paprykę i cebulę, aż zmiękną, około 10 minut. Odłożyć na bok.

b) Spaghetti ugotować, odcedzić, spłukać zimną wodą i osuszyć. Umieść w dużej misce miksującej.

c) Dodaj jajka i parmezan i wymieszaj, aby połączyć. Wciśnij mieszaninę na spód natryśniętej 9-calowej płytki do ciasta. Na wierzch połóż 3/4 szklanki posiekanego sera mozzarella. Rozmroź mrożone klopsiki w mikrofalówce przez 2 minuty.

d) Pokrój każdego klopsika na pół. Ułóż połówki klopsików na mieszance serowej. Połącz sos do spaghetti z gotowaną papryką i cebulą.

e) Łyżka na warstwie klopsików. Luźno przykryj folią i piecz przez 20 minut.

f) Wyjmij z piekarnika i posyp mieszankę sosu do spaghetti 1/2 szklanki sera mozzarella.

g) Kontynuuj pieczenie bez przykrycia przez kolejne 10 minut, aż będzie musujące. Pokrój w ćwiartki i podawaj.

3. Czekoladowa Panna Cotta

5 porcji

Składniki:

- 500 ml kremu ciężkiego
- 10 g żelatyny
- 70 g czarnej czekolady
- 2 łyżki jogurtu
- 3 łyżki cukru
- szczypta soli

Wskazówki:

a) W niewielkiej ilości kremu namoczyć żelatynę.

b) W małym rondelku wlej pozostałą śmietanę. Doprowadzić cukier i jogurt do wrzenia, od czasu do czasu mieszając, ale nie gotować. Zdejmij patelnię z ognia.

c) Wmieszaj czekoladę i żelatynę, aż całkowicie się rozpuszczą.

d) Napełnij foremki ciastem i schłódź przez 2-3 godziny.

e) Aby wyjąć panna cottę z formy, przed wyjęciem deseru włóż ją na kilka sekund pod gorącą wodę.

f) Udekoruj według własnych upodobań i podawaj!

4. Galette Serowa z Salami

5 porcji

Składniki:

- 130 g masła
- 300 g mąki
- 1 łyżeczka soli
- 1 jajko
- 80 ml mleka
- 1/2 łyżeczki octu
- Pożywny:
- 1 pomidor
- 1 słodka papryka
- cukinia
- salami
- ser Mozzarella
- 1 łyżka oliwy z oliwek
- zioła (np. tymianek, bazylia, szpinak)

Wskazówki:

a) Masło pokroić w kostkę.

b) W misce lub patelni wymieszać olej, mąkę i sól i posiekać nożem.

c) Wrzuć jajko, trochę octu i trochę mleka.

d) Rozpocznij wyrabianie ciasta. Wstaw do lodówki przez pół godziny po zwinięciu w kulkę i owinięciu w folię.

e) Wytnij wszystkie składniki nadzienia.

f) Umieść nadzienie na środku dużego koła ciasta rozwałkowanego na pergaminie (oprócz Mozzarelli).

g) Skrop oliwą i dopraw solą i pieprzem.

h) Następnie ostrożnie podnieś brzegi ciasta, owiń je wokół zachodzących na siebie części i lekko dociśnij.

i) Rozgrzej piekarnik do 200°C i piecz przez 35 minut. Dodaj mozzarellę dziesięć minut przed końcem pieczenia i kontynuuj pieczenie.

j) Natychmiast podawaj!

5. Panna Cotta

Porcje: 6

Składniki:

- ⅓ szklanka mleka
- 1 opakowanie żelatyny niesmakowanej
- 2 ½ szklanki śmietanki kremówki
- ¼ szklanki) cukru
- ¾ filiżanka pokrojonych truskawek
- 3 łyżki brązowego cukru
- 3 łyżki brandy

Wskazówki:

a) Mieszaj razem mleko i żelatynę, aż żelatyna całkowicie się rozpuści. Usuń z równania.

b) W małym rondelku zagotować śmietankę i cukier.

c) Wmieszaj mieszaninę żelatyny do gęstej śmietany i ubijaj przez 1 minutę.

d) Podziel miksturę na 5 kokilek.

e) Umieść plastikową folię na kokilkach. Następnie schłódź przez 6 godzin.

f) W misce wymieszaj truskawki, brązowy cukier i brandy; schłodzić przez co najmniej 1 godzinę.

g) Połóż truskawki na wierzchu panna cotty.

6. Karmelowa flana

Porcje: 4

Składniki:

- 1 łyżka ekstraktu waniliowego
- 4 jajka
- 2 puszki mleka (1 odparowane i 1 słodzone skondensowane)
- 2 szklanki śmietany do ubijania
- 8 łyżek cukru

Wskazówki:

a) Rozgrzej piekarnik do 350 stopni Fahrenheita.

b) Na patelni nieprzywierającej rozpuść cukier na średnim ogniu na złoty kolor.

c) Wlej upłynniony cukier do jeszcze gorącej formy do pieczenia.

d) W naczyniu do mieszania rozbić i ubić jajka. Połącz mleko skondensowane, ekstrakt waniliowy, śmietankę i mleko słodzone w misce. Zrób dokładną mieszankę.

e) Wlej ciasto do roztopionej, pokrytej cukrem blachy do pieczenia. Umieść patelnię w większej patelni z 1 calem wrzącej wody.

f) Piecz przez 60 minut.

7. Krem kataloński

Porcje: 3

Składniki:

- 4 żółtka
- 1 cynamon (pałeczka)
- 1 cytryna (skórka)
- 2 łyżki mąki kukurydzianej
- 1 szklanka cukru
- 2 szklanki mleka
- 3 szklanki świeżych owoców (jagody lub figi)

Wskazówki:

a) Na patelni wymieszaj żółtka i dużą porcję cukru. Mieszaj, aż mieszanina będzie pienista i gładka.

b) Dodaj laskę cynamonu ze skórką z cytryny. Zrób dokładną mieszankę.

c) Wymieszaj skrobię kukurydzianą i mleko. Na małym ogniu mieszaj, aż mieszanina zgęstnieje.

d) Wyjmij garnek z piekarnika. Pozostaw na kilka minut do ostygnięcia.

e) Włóż miksturę do kokilek i odstaw na bok.

f) Odstawić na co najmniej 3 godziny w lodówce.

g) Gdy wszystko będzie gotowe do podania, posyp kokilki pozostałym cukrem.

h) Kokilki postawić na dolnej półce kotła. Pozwól cukierowi się stopić, aż zmieni kolor na złotobrązowy.

i) Jako dodatek podawać z owocami.

8. Hiszpański krem pomarańczowo-cytrynowy

Porcje: 1 porcji

Składnik

- 4½ łyżeczki żelatyny zwyczajnej
- ½ szklanki soku pomarańczowego
- ¼ szklanki soku z cytryny
- 2 szklanki mleka
- 3 jajka, oddzielone
- ⅔ filiżanka cukru
- Szczypta soli
- 1 łyżka startej skórki z pomarańczy

Wskazówki:

a) Wymieszaj żelatynę, sok pomarańczowy i sok z cytryny i odstaw na 5 minut.

b) Mleko sparzyć i wymieszać z żółtkami, cukrem, solą i skórką pomarańczową.

c) Gotuj w podwójnym bojlerze, aż pokryje tył łyżki.

d) Następnie dodaj mieszaninę żelatyny. Chłodny.

e) Do masy dodać sztywno ubite białka.

f) Wstawić do lodówki.

9. Pijany melon

Porcje: 4 do 6 porcji

Składnik

- Do dania Wybór od 3 do 6 różnych hiszpańskich serów
- 1 butelka wina porto
- 1 Melon, górny usunięty i pozbawiony nasion

Wskazówki:

a) Na jeden do trzech dni przed kolacją wlej porto do melona.

b) Schłodź w lodówce, zawiń w folię i załóż górę.

c) Wyjmij melona z lodówki i zdejmij opakowanie i wierzch, gdy będzie gotowy do podania.

d) Wyjmij porto z melona i umieść go w misce.

e) Po usunięciu skórki pokrój melona na kawałki. Umieść kawałki w czterech oddzielnych schłodzonych naczyniach.

f) Podawać na przystawce z serami.

10. **Sorbet migdałowy**

Porcje: 1 porcji

Składnik

- 1 szklanka blanszowanych migdałów; Opieczony
- 2 szklanki wody źródlanej
- ¾ filiżanka cukru
- 1 szczypta cynamonu
- 6 łyżek jasnego syropu kukurydzianego
- 2 łyżki Amaretto
- 1 łyżeczka skórki z cytryny

Wskazówki:

a) W robocie kuchennym zmiel migdały na proszek. W dużym rondlu wymieszać wodę, cukier, syrop kukurydziany, likier, skórkę i cynamon, a następnie dodać zmielone orzechy.

b) Na średnim ogniu ciągle mieszaj, aż cukier się rozpuści, a masa się zagotuje. 2 minuty na gotowaniu

c) Odstawić do ostygnięcia Za pomocą maszyny do lodów ubijaj masę, aż będzie na wpół zamrożona.

d) Jeśli nie masz maszynki do lodów, przenieś miksturę do miski ze stali nierdzewnej i zamrażaj do stwardnienia, mieszając co 2 godziny.

11.   Hiszpański tort jabłkowy

Porcje: 8 porcji

Składnik

- ¼ funta masła
- ½ szklanki) cukru
- 1 żółtko
- 1½ szklanki przesianej mąki
- 1 kreska Sól
- ⅛ łyżeczka proszku do pieczenia
- 1 szklanka mleka
- ½ skórki cytryny
- 3 żółtka
- ¼ szklanki) cukru
- ¼ szklanki mąki
- 1½ łyżki masła
- ¼ szklanki) cukru
- 1 łyżka soku z cytryny
- ½ łyżeczki cynamonu
- 4 jabłka, obrane i pokrojone w plastry
- Jabłko; morela lub dowolna galaretka do wyboru

Wskazówki:

a) Rozgrzej piekarnik do 350 ° F. Wymieszaj cukier i masło w misce. Wymieszaj pozostałe składniki, aż utworzy się kulka.

b) Ciasto rozwałkować na tortownicę lub tortownicę. Przechowywać w lodówce do czasu użycia.

c) W misce wymieszaj sok z cytryny, cynamon i cukier. Wrzucić z jabłkami i wymieszać. To jest coś, co można zrobić z wyprzedzeniem.

d) Dodaj skórkę z cytryny do mleka. Zagotuj mleko, a następnie zmniejsz ogień na 10 minut. W międzyczasie w grubym rondlu wymieszaj żółtka i cukier.

e) Gdy mleko będzie gotowe, powoli wlewaj je do mieszanki z żółtkami, cały czas ubijając na małym ogniu. Powoli mieszaj mąkę, mieszając na małym ogniu.

f) Kontynuuj ubijanie mieszanki, aż będzie gładka i gęsta. Zdejmij patelnię z ognia. Powoli mieszaj masło, aż się rozpuści.

g) Wypełnij skórkę kremem. Aby zrobić pojedynczą lub podwójną warstwę, ułóż jabłka na wierzchu. Umieść tort w piekarniku 350 ° F na około 1 godzinę po jego zakończeniu.

h) Wyjmij i odstaw do ostygnięcia. Gdy jabłka będą wystarczająco chłodne, podgrzej wybraną galaretkę i skrop ją na wierzchu.

i) Odstawić galaretkę do ostygnięcia. Obsługiwać.

12. Krem karmelowy

Porcje: 1 porcji

Składnik

- ½ szklanki cukru pudru
- 1 łyżeczka wody
- 4 żółtka lub 3 całe jajka
- 2 szklanki mleka parzonego
- ½ łyżeczki ekstraktu waniliowego

Wskazówki:

a) Na dużej patelni wymieszaj 6 łyżek cukru i 1 szklankę wody. Podgrzewaj na małym ogniu, od czasu do czasu potrząsając lub mieszając drewnianą łyżką, aż cukier stanie się złocisty.

b) Syrop karmelowy wlej jak najszybciej do formy do pieczenia. Pozostaw do ostygnięcia, aż stwardnieje.

c) Rozgrzej piekarnik do 325 stopni Fahrenheita.

d) Ubij razem żółtka lub całe jajka. Wymieszaj mleko, ekstrakt waniliowy i pozostały cukier, aż do całkowitego połączenia. Na wierzch polać schłodzonym karmelem.

e) Umieść naczynie do pieczenia w gorącej łaźni wodnej. Piecz przez 1-112 godzin, aż środek się zetnie. Fajnie, fajnie, fajnie.

f) Aby podawać, ostrożnie odwróć na talerz.

13. Hiszpański sernik

Porcje: 10 porcji

Składnik

- 1 funt sera śmietankowego
- 1½ szklanki cukru; Granulowany
- 2 jajka
- ½ łyżeczki cynamonu; Grunt
- 1 łyżeczka skórki z cytryny; Tarty
- ¼ szklanki niebielonej mąki
- ½ łyżeczki soli
- 1 x cukier cukierniczy
- 3 łyżki masła

Wskazówki:

a) Rozgrzej piekarnik do 400 stopni Fahrenheita. Utrzeć ser, 1 łyżkę masła i cukier w dużej misce miksującej. Nie rzucaj.

b) Dodawaj jajka pojedynczo, dokładnie ubijając po każdym dodaniu.

c) Połącz cynamon, skórkę z cytryny, mąkę i sól. Posmaruj patelnię pozostałymi 2 łyżkami masła, równomiernie rozprowadzając je palcami.

d) Ciasto wlewamy do przygotowanej patelni i pieczemy w 400 stopniach przez 12 minut, następnie zmniejszamy do 350 stopni i pieczemy kolejne 25 do 30 minut. Nóż powinien być wolny od jakichkolwiek pozostałości.

e) Gdy ciasto ostygnie do temperatury pokojowej, posyp je cukrem cukierniczym.

14. Hiszpański smażony budyń

Porcje: 8 porcji

Składnik

- 1 laska cynamonu
- Skórka z 1 cytryny
- 3 szklanki mleka
- 1 szklanka cukru
- 2 łyżki skrobi kukurydzianej
- 2 łyżeczki cynamonu
- Mąka; do pogłębiania
- Mycie jajek
- Oliwa z oliwek; do smażenia

Wskazówki:

a) Połącz laskę cynamonu, skórkę cytryny, 34 szklanki cukru i 212 szklanki mleka w garnku na średnim ogniu.

b) Doprowadź do niskiego wrzenia, następnie zmniejsz ogień i gotuj przez 30 minut. Usuń skórkę z cytryny i laskę cynamonu. Połącz pozostałe mleko i mąkę kukurydzianą w małej misce do mieszania.

c) Dokładnie ubij. Powolnym, równomiernym strumieniem wymieszaj mieszankę skrobi kukurydzianej z podgrzanym mlekiem. Doprowadzić do wrzenia, następnie zmniejszyć ogień i gotować przez 8 minut, często ubijając. Zdejmij z ognia i wlej do 8-calowego naczynia do pieczenia, które zostało posmarowane masłem.

d) Pozostaw do całkowitego ostygnięcia. Przykryj i schłódź, aż całkowicie ostygnie. Z kremu zrób 2-calowe trójkąty.

e) Połącz pozostałe 14 szklanek cukru i cynamon w misce. Dokładnie wymieszać. Obtocz trójkąty w mące, aż całkowicie się przykryją.

f) Zanurz każdy trójkąt w płynie do jajek i odsącz nadmiar. Włóż kremy do mąki i całkowicie obtocz.

g) Rozgrzej olej na dużej patelni na średnim ogniu. Umieść trójkąty w rozgrzanym oleju i smaż przez 3 minuty lub do zrumienienia z obu stron.

h) Wyjmij kurczaka z patelni i odsącz na ręcznikach papierowych. Wrzucić mieszankę cukru cynamonowego i doprawić solą i pieprzem.

i) Kontynuuj z resztą trójkątów w ten sam sposób.

15.   włoskie pieczone brzoskwinie

Porcje: 1 porcji

Składnik

- 6 dojrzałych brzoskwiń
- ⅓ filiżanka cukru
- 1 szklanka zmielonych migdałów
- 1 żółtko
- ½ łyżeczki ekstraktu z migdałów
- 4 łyżki masła
- ¼ szklanki pokrojonych migdałów
- Śmietana ciężka, opcjonalnie

Wskazówki:

a) Rozgrzej piekarnik do 350 stopni Fahrenheita. Brzoskwinie należy wypłukać, przekroić na pół i pestki. W robocie kuchennym zmiksuj 2 połówki brzoskwini.

b) W naczyniu do mieszania wymieszać puree, cukier, mielone migdały, żółtko jajka i ekstrakt migdałowy. Aby uzyskać gładką pastę, połącz wszystkie składniki w misce.

c) Wlej nadzienie na każdą połówkę brzoskwini i umieść wypełnione połówki brzoskwini na posmarowanej masłem blasze do pieczenia.

d) Posyp pokrojonymi migdałami i posmaruj brzoskwinie pozostałym masłem przed pieczeniem przez 45 minut.

e) Podawać na ciepło lub na zimno, ze śmietaną lub lodami.

16. Pikantne włoskie ciasto śliwkowo-śliwkowe

Porcje: 12 porcji

Składnik

- 2 filiżanki włoski bez pestek i pokrojone na ćwiartki
- Suszone śliwki, gotowane do
- Miękki i schłodzony
- 1 szklanka masła niesolonego, zmiękczonego
- $1\frac{3}{4}$ szklanki cukru pudru
- 4 jajka
- 3 szklanki przesianej mąki
- $\frac{1}{4}$ szklanki masła niesolonego
- $\frac{1}{2}$ funta cukru pudru
- $1\frac{1}{2}$ łyżki niesłodzonego kakao
- Szczypta soli
- 1 łyżeczka cynamonu
- $\frac{1}{2}$ łyżeczki zmielonych goździków
- $\frac{1}{2}$ łyżeczki mielonej gałki muszkatołowej
- 2 łyżeczki sody oczyszczonej
- $\frac{1}{2}$ szklanki mleka
- 1 szklanka drobno posiekanych orzechów włoskich
- 2 do 3 łyżek mocnych, gorących

- Kawa

- ¾ łyżeczka wanilii

Wskazówki:

a) Rozgrzej piekarnik do 350 ° F. Masło i mąkę na 10-calowej patelni Bundt.

b) W dużej misce miksującej zmiksuj masło z cukrem na jasną i puszystą masę.

c) Wbij jajka jedno po drugim.

d) Połącz mąkę, przyprawy i sodę oczyszczoną na przesiewaczu. W trzech miejscach dodaj mieszankę mąki do mieszanki masła, na przemian z mlekiem. Ubijaj tylko, aby połączyć składniki.

e) Dodać ugotowane śliwki śliwkowe i orzechy włoskie i wymieszać do połączenia. Przekształć w przygotowaną patelnię i piecz przez 1 godzinę w piekarniku 350°F, aż ciasto zacznie się kurczyć z boków patelni.

f) Aby zrobić lukier, ubij razem masło i cukier cukierniczy. Stopniowo dodawać cukier i kakao w proszku, cały czas mieszając, aż do całkowitego połączenia. Sezon z solą.

g) Mieszaj niewielką ilość kawy na raz.

h) Ubijaj na jasną i puszystą masę, następnie dodaj wanilię i udekoruj ciasto.

17. Hiszpańskie cukierki orzechowe

Porcje: 1 porcji

Składnik

- 1 szklanka mleka
- 3 szklanki jasnobrązowego cukru
- 1 łyżka masła
- 1 łyżeczka ekstraktu waniliowego
- 1 funt wędlin orzechowych; posiekany

Wskazówki:

a) Zagotuj mleko z brązowym cukrem, aż się skarmelizuje, a tuż przed podaniem dodaj masło i esencję waniliową.

b) Tuż przed wyjęciem cukierków z ognia dodaj orzechy włoskie.

c) W dużej misce dokładnie wymieszaj orzechy i przełóż mieszankę do przygotowanych foremek na babeczki.

d) Od razu pokrój w kwadraty ostrym nożem.

18. Pudding z miodem

Porcje: 6 porcji

Składnik

- ¼ szklanki masła niesolonego
- 1½ szklanki mleka
- 2 duże jajka; lekko pobity
- 6 kromek Biały wiejski chleb; rozdarty
- ½ szklanki przezroczysty; cienki miód, plus
- 1 łyżka stołowa Clear; cienki miód
- ½ szklanki gorącej wody; plus
- 1 łyżka gorącej wody
- ¼ łyżeczki mielonego cynamonu
- ¼ łyżeczki wanilii

Wskazówki:

a) Rozgrzej piekarnik do 350 stopni i użyj odrobiny masła do posmarowania 9-calowego szklanego naczynia do ciasta. Wymieszaj mleko i jajka, a następnie dodaj kawałki chleba i obróć, aby równomiernie je obtoczyć.

b) Pozostaw chleb do namoczenia przez 15 do 20 minut, odwracając raz lub dwa razy. Na dużej nieprzywierającej patelni podgrzej pozostałe masło na średnim ogniu.

c) Namoczony chleb smażymy na maśle na złoty kolor, około 2 do 3 minut z każdej strony. Przełóż chleb do formy do pieczenia.

d) W misce wymieszaj miód z gorącą wodą i mieszaj, aż masa będzie równomiernie wymieszana.

e) Dodaj cynamon i wanilię i skrop miksturą wokół chleba.

f) Piecz około 30 minut lub do złotego koloru.

19. Hiszpański tort cebulowy

Porcje: 2 porcje

Składnik

- ½ łyżeczki oliwy z oliwek
- 1 litr hiszpańskiej cebuli
- ¼ szklanki wody
- ¼ szklanki czerwonego wina
- ¼ łyżeczki suszonego rozmarynu
- 250 gramów ziemniaków
- 3/16 szklanki jogurtu naturalnego
- ½ łyżki mąki pszennej
- ½ jajka
- ¼ szklanki parmezanu
- ⅛ szklanka posiekanej włoskiej pietruszki

Wskazówki:

a) Przygotuj cebulę hiszpańską, pokrój w cienkie plastry i zetrzyj ziemniaki i parmezan.

b) Na patelni z grubym dnem rozgrzej olej. Gotuj, mieszając od czasu do czasu, aż cebula będzie miękka.

c) Dusić przez 20 minut lub do momentu, gdy płyn wyparuje, a cebula nabierze ciemnoczerwono-brązowego koloru.

d) W misce wymieszaj rozmaryn, ziemniaki, mąkę, jogurt, jajko i parmezan. Wrzuć cebulę.

e) W dobrze natłuszczonym, żaroodpornym naczyniu do tarty o średnicy 25 cm, równomiernie rozprowadź składniki. Rozgrzej piekarnik do 200°C i piecz przez 35-40 minut lub na złoty kolor.

f) Udekoruj natką pietruszki przed pokrojeniem w ósemki i podaniem.

20. Hiszpański suflet z patelni

Porcje: 1

Składnik

- 1 pudełko hiszpańskiego szybkiego brązowego ryżu
- 4 jajka
- 4 uncje posiekanej zielonej papryczki chili
- 1 szklanka wody
- 1 szklanka startego sera

Wskazówki:

a) Postępuj zgodnie z instrukcją na opakowaniu dotyczącą gotowania zawartości pudełka.

b) Gdy ryż będzie gotowy, ubij pozostałe składniki, z wyjątkiem sera.

c) Udekoruj startym serem i piecz w temperaturze 325°F przez 30-35 minut.

21. Mrożony Miód Semifreddo

Porcje: 8 porcji

Składniki

- 8 uncji ciężkiej śmietany
- 1 łyżeczka ekstraktu waniliowego
- 1/4 łyżeczki wody różanej
- 4 duże jajka
- 4 1/2 uncji miodu
- 1/4 łyżeczki plus 1/8 łyżeczki soli koszernej
- Dodatki, takie jak pokrojone owoce, prażone orzechy, śruty kakaowe lub ogolona czekolada

Wskazówki

a) Rozgrzej piekarnik do 350 ° F. Wyłóż bochenek o wymiarach 9 na 5 cali folią lub papierem pergaminowym.

b) W przypadku Semifreddo w misce miksera stojącego z nasadką do trzepaczki ubij śmietanę, wanilię i wodę różaną na sztywną pianę.

c) Przełóż do osobnej miski lub talerza, przykryj i schłódź, aż będzie gotowy do użycia.

d) W misce miksera stojącego wymieszaj jajka, miód i sól. Aby zmiksować, użyj elastycznej szpatułki, aby wszystko razem wymieszać. Dostosuj ogrzewanie, aby powoli gotować na wolnym ogniu nad przygotowaną łaźnią wodną, upewniając się, że miska nie dotyka wody.

e) W misce ze stali nierdzewnej gotuj, obracaj i skrobaj regularnie elastyczną szpatułką, aż do podgrzania do 165°F, około 10 minut.

f) Przenieś mieszaninę do miksera stojącego wyposażonego w nasadkę trzepaczki, gdy osiągnie 165°F. Ubijaj jajka na wysokich obrotach, aż się spienią.

g) Delikatnie ubij ręcznie połowę przygotowanej bitej śmietany. Dodaj pozostałe składniki, szybko ubij, a następnie wymieszaj elastyczną szpatułką, aż dobrze się połączą.

h) Zeskrobać do przygotowanej formy do bochenków, szczelnie przykryć i zamrażać przez 8 godzin lub do momentu, gdy będzie wystarczająco zestalony, aby pokroić, lub do momentu, gdy temperatura wewnętrzna osiągnie 0°F.

i) Odwróć semifreddo na schłodzone naczynie do podania.

22. Sorbet z limonki z awokado i kolendrą

Sprawia, że 4
Całkowity czas: 18 minut

Składniki

- 2 awokado (bez pestek i skóry)
- 1/4 szklanki erytrytolu, sproszkowanego
- 2 średnie limonki, sok i skórka
- 1 szklanka mleka kokosowego
- 1/4 łyżeczki płynnej stewii
- 1/4 - 1/2 szklanki kolendry, posiekanej

Wskazówki

a) Zagotuj mleko kokosowe w rondlu. Dodaj skórkę z limonki.

b) Pozwól mieszaninie ostygnąć, a następnie zamrozić.

c) W robocie kuchennym połącz sok z awokado, kolendry i limonki. Pulsuj, aż mieszanina będzie miała grubą konsystencję.

d) Wlej mieszankę mleka kokosowego i płynną stewię na awokado. Mieszaj razem, aż osiągnie odpowiednią konsystencję. Wykonanie tego zadania zajmuje około 2-3 minut.

e) Wróć do zamrażarki, aby rozmrozić lub od razu podawać!

23.   Sernik z dynii

Sprawia, że 1

Całkowity czas: 20 minut

Składniki

Skorupa
- 3/4 szklanki mąki migdałowej
- 1/2 szklanki mączki lnianej
- 1/4 szklanki masła
- 1 łyżeczka przyprawy do ciasta dyniowego
- 25 kropli płynnej stewii

Nadzienie
g) 6 oz. Wegański serek śmietankowy
h) 1/3 szklanki puree z dyni
i) 2 łyżki kwaśnej śmietany
j) 1/4 szklanki Vegan Heavy Cream
k) 3 łyżki masła
l) 1/4 łyżeczki przyprawy do ciasta dyniowego
m) 25 kropli płynnej stewii

Wskazówki

a) Połącz wszystkie suche składniki skórki i dokładnie wymieszaj.

b) Zetrzyj suche składniki z masłem i płynną stewią, aż powstanie ciasto.

c) Na mini patelnie do tart rozwałkuj ciasto na małe kulki.

d) Dociśnij ciasto do boku formy do tarty, aż dotknie boków.

e) Połącz wszystkie składniki nadzienia w misce.

f) Wymieszaj składniki nadzienia za pomocą blendera zanurzeniowego.

g) Gdy składniki nadzienia będą gładkie, rozprowadź je na skórce i schłódź.

h) Wyjmij z lodówki, pokrój i posyp bitą śmietaną, jeśli chcesz.

24. Lody mokka

Sprawia, że 2
Całkowity czas: 10 minut

Składniki

- 1 szklanka mleka kokosowego
- 1/4 szklanki Vegan Heavy Cream
- 2 łyżki erytrytolu
- 20 kropli płynnej stewii
- 2 łyżki proszku kakaowego
- 1 łyżki kawy rozpuszczalnej
- Mennica

Wskazówki

a) Wymieszaj wszystkie składniki, a następnie przenieś do maszyny do lodów i ubijaj zgodnie z zaleceniami producenta przez 15-20 minut.

b) Gdy lody są miękko zamrożone, podawaj od razu z listkiem mięty.

25. Pączki z wiśniami i czekoladą

Sprawia, że 12

Składniki

Suche składniki

- 3/4 szklanki mąki migdałowej
- 1/4 szklanki złotego mączki lnianej
- 1 łyżeczka proszku do pieczenia
- Szczypta soli
- 10g batonów Dark Chocolate, pokrojonych w kawałki

Mokre składniki

- 2 duże jajka
- 1 łyżeczka ekstraktu waniliowego
- 2 1/2 łyżki oleju kokosowego
- 3 łyżki mleka kokosowego

Wskazówki

a) W dużej misce wymieszać suche składniki (oprócz gorzkiej czekolady).

b) Wymieszać mokre składniki, a następnie dodać kawałki ciemnej czekolady.

c) Podłącz urządzenie do robienia pączków i naoliw je, jeśli to konieczne.

d) Ciasto wlać do automatu do pączków, zamknąć i gotować około 4-5 minut.

e) Zmniejsz ogień i gotuj przez kolejne 2-3 minuty.

f) Powtórz do końca ciasta, a następnie podawaj.

26. Pudding jeżynowy

Sprawia, że 1

Składniki

- 1/4 szklanki mąki kokosowej
- 1/4 łyżeczki proszku do pieczenia
- 2 łyżki oleju kokosowego
- 2 łyżki masła wegańskiego
- 2 łyżki Vegan Heavy Cream
- 2 łyżeczki soku z cytryny
- skórka 1 cytryna
- 1/4 szklanki jeżyn
- 2 łyżki erytrytolu
- 20 kropli płynnej stewii

Wskazówki

a) Rozgrzej piekarnik do 350 stopni Fahrenheita.

b) Przesiej suche składniki na mokre składniki i mieszaj na niskich obrotach, aż dokładnie się połączą.

c) Podziel ciasto między dwie kokilki.

d) Wciśnij jeżyny na górę ciasta, aby równomiernie rozprowadzić je w cieście.

e) Piecz przez 20-25 minut.

f) Podawaj z porcją ciężkiej śmietany do ubijania na wierzchu!

27. Ciasto dyniowe z syropem klonowym

Na 8 porcji

Składniki

- 1 ciasto wegańskie
- 1 (16 uncji) puszki dyni w stałym opakowaniu
- 1 opakowanie (12 uncji) bardzo jędrnego, jedwabistego tofu, odsączonego i wytartego na sucho
- 1 szklanka cukru
- 2 łyżeczki mielonego cynamonu
- 1/2 łyżeczki mielonego ziela angielskiego
- 1/2 łyżeczki mielonego imbiru
- 1/2 łyżeczki mielonej gałki muszkatołowej

Wskazówki

a) Zmiksuj dynię i tofu w robocie kuchennym na gładką masę. Dodaj cukier, syrop klonowy, cynamon, ziele angielskie, imbir i gałkę muszkatołową do uzyskania gładkości.

b) Rozgrzej piekarnik do 400 stopni Fahrenheita.

c) Wypełnij skórkę nadzieniem. Piecz przez 15 minut w 350°F.

28.Rustykalny Domek Pie

Na 4 do 6 porcji

Składniki

- Ziemniaki Yukon Gold, obrane i pokrojone w kostkę
- 2 łyżki wegańskiej margaryny
- 1/4 szklanki zwykłego niesłodzonego mleka sojowego
- Sól i świeżo zmielony czarny pieprz
- 1 łyżka oliwy z oliwek
- 1 średnia żółta cebula, drobno posiekana
- 1 średnia marchewka, drobno posiekana
- 1 żebro z selera, drobno posiekane
- 12 uncji seitanu, drobno posiekanego
- 1 szklanka mrożonego groszku
- 1 szklanka mrożonych ziaren kukurydzy
- 1 łyżeczka suszonego cząbru
- 1/2 łyżeczki suszonego tymianku

Wskazówki

a) W rondelku z wrzącą osoloną wodą gotuj ziemniaki do miękkości przez 15-20 minut.

b) Dobrze odcedź i wróć do garnka. Dodaj margarynę, mleko sojowe, sól i pieprz do smaku.

c) Grubo utrzeć tłuczkiem do ziemniaków i odstawić. Rozgrzej piekarnik do 350 ° F.

d) Na dużej patelni rozgrzej olej na średnim ogniu. Dodaj cebulę, marchew i seler.

e) Przykryj i gotuj do miękkości, około 10 minut. Przełóż warzywa na blachę do pieczenia o wymiarach 9 x 13 cali. Dodać seitan, sos grzybowy, groszek, kukurydzę, cząber i tymianek.

f) Dopraw solą i pieprzem do smaku i rozprowadź równomiernie na blasze do pieczenia.

g) Na wierzch z puree ziemniaczanym, rozprowadzając na brzegach formy do pieczenia. Piecz, aż ziemniaki się zrumienią, a nadzienie będzie musujące, około 45 minut.

h) Natychmiast podawaj.

29. Czekoladowe fondue amaretto

Na 4 porcje

Składniki

- 3 uncje niesłodzonej czekolady do pieczenia
- 1 szklanka gęstej śmietany
- 24 opakowania słodzika aspartamowego
- 1 łyżka cukru
- 1 łyżeczka amaretto
- 1 łyżeczka ekstraktu waniliowego
- Jagody, ½ szklanki na porcję

Wskazówki

a) Czekoladę połamać na małe kawałki i włożyć do szklanej miarki na 2 szklanki ze śmietanką.

b) Podgrzej w mikrofalówce na wysokim poziomie, aż czekolada się rozpuści, około 2 minut. Ubijaj, aż mieszanina będzie błyszcząca.

c) Dodaj słodzik, cukier, amaretto i wanilię, mieszając, aż masa będzie gładka.

d) Przenieś miksturę do garnka do fondue lub miski do serwowania. Podawać z jagodami do maczania.

30. **Flany z sosem malinowym**

Na 2 do 4 porcji

Składniki

- 1 szklanka mleka
- 1 szklanka pół na pół
- 2 duże jajka
- 2 duże żółtka
- 6 opakowań słodzika aspartamu
- $\frac{1}{4}$ łyżeczki koszernej soli
- 1 łyżeczka ekstraktu waniliowego
- 1 szklanka świeżych malin

Wskazówki

a) Umieść brytfankę wypełnioną 1 cal wody na ruszcie w dolnej jednej trzeciej części piekarnika.

b) Masło sześć $\frac{1}{2}$-calowych kokilek. Podgrzej mleko i pół na pół w mikrofalówce na wysokim poziomie (100 procent mocy) przez 2 minuty lub na kuchence w średnim rondlu, aż będzie ciepłe.

c) W międzyczasie ubić jajka i żółtka w średniej misce na pianę.

d) Stopniowo ubijaj mieszankę gorącego mleka do jajek. Wymieszaj słodzik, sól i wanilię. Wlej miksturę do przygotowanych kokilek.

e) Umieścić w rondelkach z wodą i piec około 30 minut, aż budyń się zetnie.

f) Wyjąć naczynia z brytfanny i schłodzić do temperatury pokojowej na ruszcie, a następnie wstawić do lodówki do schłodzenia, około 2 godzin.

g) Aby zrobić coulis, po prostu zmiksuj maliny w robocie kuchennym. Dodaj słodzik do smaku.

h) Aby podać, najedź łyżką brzeg każdego kremu i wyłóż go na talerz deserowy.

i) Skrop sosem coulis na wierzchu kremu i zakończ kilkoma świeżymi malinami i gałązką mięty, jeśli używasz.

31. Kulki owocowe w bourbonie

Na 2 porcje

Składniki

- ½ szklanki kulek melona
- ½ szklanki przekrojonych na pół truskawek
- 1 łyżka burbona
- 1 łyżka cukru
- ½ paczki słodzika aspartamu
- Gałązki świeżej mięty do dekoracji

Wskazówki

a) Połącz kulki melona i truskawki w szklanym naczyniu.

b) Dodaj burbon, cukier i aspartam.

c) Przykryj i wstaw do lodówki do czasu podania. Przełóż owoce do deserów i udekoruj listkami mięty.

32. Lody z ciastem orzechowym

Wydajność: 5 filiżanek

Składniki:

- 2 szklanki pełnego mleka
- 1 szklanka gęstej śmietany
- ½ szklanki jasnobrązowego cukru
- 2 jajka
- 1 łyżeczka ekstraktu waniliowego
- 1 szklanka grubo posiekanych orzechów pekan
- ⅔ szklanka syropu klonowego
- 2 łyżki roztopionego niesolonego masła
- ¼ łyżeczki koszernej soli

Wskazówki:

a) W dużym garnku wymieszać mleko i śmietanę. Dodaj cukier i dobrze wymieszaj. Podgrzewaj na średnim ogniu aż do poparzenia.

b) W małej misce wymieszaj jajka, aż dobrze się połączą. Ubij kilka łyżek gorącej mieszanki mlecznej do jajek, a następnie powoli wlej mieszankę jajeczną z powrotem na patelnię.

c) Gdy mieszanina ostygnie, kontynuuj mieszanie przez kolejne 5 minut lub dłużej. Dodaj ekstrakt waniliowy.

d) Przełóż krem do miski, przykryj i schłódź przez 6 godzin lub na noc.

e) Na małej, ciężkiej patelni upiec orzechy pekan na średnim ogniu. Mieszaj, aż się delikatnie zrumienią. Zdejmij patelnię z ognia. Dodaj syrop klonowy, masło i sól do smaku.

f) Wymieszaj, aby równomiernie pokryć orzechy pekan. Przechowuj mieszaninę w lodówce.

g) Wlej schłodzony budyń do maszyny do lodów i mieszaj przez 40 do 50 minut lub do momentu uzyskania konsystencji miękkich lodów.

h) Umieść go w naczyniu do mieszania. Dodaj schłodzone orzechy i syrop.

i) Zamroź lody w jednym lub kilku pojemnikach na co najmniej 2 godziny lub do stwardnienia.

33.   Pudding Chlebowy z Cynamonem

Wydajność: 10 porcji

Składniki

Budyń Chlebowy:

- 2 filiżanki pół na pół
- 2 łyżki masła
- 3 jajka
- 1/3 szklanki cukru
- 1/4 łyżeczki mielonej gałki muszkatołowej
- 1 łyżeczka ekstraktu waniliowego
- 3 szklanki chleba, pokrojonego na małe kawałki
- Garść chipsów cynamonowych

Mleko waniliowe:

- 1 szklanka mleka
- 1/4 szklanki masła
- 1/3 szklanki cukru
- 1 łyżeczka wanilii
- 1Łyżki mąki

- 1/2 łyżeczki soli

Wskazówki:
Budyń Chlebowy:

a) Dusić pół na pół i masło w rondlu na średnim ogniu.

b) W osobnym naczyniu wymieszaj jajka, gałkę muszkatołową i ekstrakt waniliowy. Dokładnie ubij podgrzaną mieszankę mleka i masła.

c) Pokrój chleb na małe kawałki i włóż do przygotowanego naczynia żaroodpornego.

d) Rozłóż mieszankę na wierzchu i wierzchu z chipsami cynamonowymi.

e) Przykryj folią i piecz przez 30 minut w 350 stopniach.

f) Zdejmij folię i piecz przez kolejne 15 minut.

Ciepłe Mleko Waniliowe:

g) Roztop masło i wymieszaj mąkę na pastę.

h) Dodaj mleko, cukier, wanilię i sól i zagotuj, często mieszając, przez 5 minut, aż zgęstnieje w syrop.

i) Polej sosem ciepły budyń chlebowy i od razu podawaj.

34. Pieczone jabłka karmelowe

Wydajność: 24 jabłka

Składniki:

- 24 jabłka obrane, wydrążone, pokrojone na kawałki
- 3 szklanki brązowego cukru
- 3/4 szklanki wody
- 6 łyżek masła
- 3 łyżeczki soli
- 6 łyżek mąki
- dodatkowe masło na kropki
- posyp cynamonem

Wskazówki:

a) Rozgrzej piekarnik do 350 stopni Fahrenheita.

b) W rondelku wymieszać wszystkie składniki sosu i doprowadzić do miękkiego wrzenia; sos zgęstnieje i zmieni się w karmelową/sosową konsystencję.

c) Rozłóż jabłka równomiernie między dwiema płytami do pieczenia o wymiarach 9x13 cali, a następnie przykryj równą ilością sosu karmelowego.

d) Na wierzch posmaruj masłem i posyp cynamonem.

e) Piec pod przykryciem przez 1 godzinę, mieszając po 30 minutach.

35. Podziękuj Ciasto Dyniowe

Wydajność: 8 porcji

Składniki:

- 1 puszka (30 uncji) mieszanki ciasto z dyni
- 2/3 szklanki mleka odparowanego
- 2 duże jajka, ubite
- 1 niewypieczona 9-calowa skorupka na ciasto

Wskazówki:

a) Rozgrzej piekarnik do 425 stopni Fahrenheita.

b) W dużej misce wymieszaj mieszankę ciasta dyniowego, odparowanego mleka i jajek.

c) Wlej nadzienie do skorupki ciasta.

d) Piec przez 15 minut w piekarniku.

e) Podnieś temperaturę do 350 ° F i piecz przez kolejne 50 minut.

f) Delikatnie wstrząśnij, aby sprawdzić, czy jest w pełni upieczony.

g) Schłodzić przez 2 godziny na ruszcie.

36.   Niskotłuszczowy drobiazg z dyni

Wydajność: 18 porcji

Składniki:

Ciasto:

- 1 pudełko przyprawowego ciasta, pokruszonego rękoma
- 1 1/4 szklanki wody
- 1 jajko

Nadzienie budyniowe:

- 4 szklanki chudego mleka
- 4 opakowania (po 1 uncja) mieszanki budyniu toffi
- 1 puszka (15 uncji) mieszanki dyni
- 1 1/2 łyżeczki przyprawy dyniowej
- 12 uncji lekkiej bitej polewy

Wskazówki:

a) Połącz wszystkie składniki ciasta na 8-calowej kwadratowej formie do pieczenia i piecz przez 35 minut lub do zastygnięcia.

b) Schłodzić na kuchence lub drucianej podstawce.

c) W dużej misce wymieszaj mleko i budyń. Pozostaw na kilka minut do zgęstnienia. Dokładnie wymieszaj dynię i przyprawy.

d) Zacznij od ułożenia jednej czwartej ciasta, następnie połowy masy dyniowej, następnie jednej czwartej ciasta i połowy bitej śmietany

e) Powtórz warstwy

f) Udekoruj bitą posypką i okruchami ciasta. Wstaw do lodówki, aż będzie gotowy do podania

37. Ciasto dyniowe

Wydajność: 10 porcji

Składniki:

- 1 -30 uncji puree z dyni
- 2 jajka
- 1 puszka mleka zagęszczonego
- 1/2 pudełka mieszanki żółtego ciasta
- 1 szklanka posiekanych orzechów włoskich
- 1/2 szklanki masła

Wskazówki:

a) Rozgrzej piekarnik do 350 stopni Fahrenheita.

b) Za pomocą miksera dokładnie połącz puree z dyni, jajka i mleko.

c) Wlej składniki do patelni 11x7 lub 8x8.

d) Lekko ubij w 1/2 pudełka suchej mieszanki ciasta na wierzchu.

e) Na wierzch posyp posiekanymi orzechami włoskimi i 1/2 szklanki roztopionego masła.

f) Piec około 40 minut.

g) Pozostaw do ostygnięcia, aż będzie gotowa do podania.

h) Na wierzch dodaj bitą śmietanę.

38.   Pudding Chia

Wydajność: 4 miski deserowe

Składniki
- 1 puszka organicznego mleka kokosowego i 1 puszka wody, połączone
- 8 łyżek nasion chia
- 1/2 łyżeczki organicznego ekstraktu waniliowego
- 2 łyżki syropu z brązowego ryżu

Wskazówki:

a) W misce wymieszaj mleko kokosowe, wodę, syrop z brązowego ryżu i nasiona chia.

b) Wymieszaj wszystko razem przez dziesięć minut.

c) Wstaw do lodówki na 30 minut przed podaniem.

d) Do mieszanki wsyp 1 łyżeczkę mielonej wanilii lub 1/2 łyżeczki organicznego ekstraktu waniliowego.

e) Przełóż do miseczek deserowych i posyp pudrem waniliowym lub świeżo zmieloną gałką muszkatołową.

f) Pozostawienie na noc nadaje mu solidną konsystencję.

39. Przysmaki jabłkowe

Wydajność: 6 ciastek

Składniki
- 1 szklanka migdałów, moczyć przez noc
- 1 ½ szklanki chrupiących jabłek
- ½ szklanki siemienia lnianego – zmielonego
- 2 duże daktyle, bez pestek i bez łodyg
- 1 łyżka soku z cytryny
- 1 łyżeczka szarej soli morskiej
- ½ szklanki łuski psyllium

Wskazówki:

a) Zmiksuj migdały, sól, sok z cytryny, daktyle i jabłka w robocie kuchennym. Dodaj siemię lniane i łuskę babki płesznik.

b) Wyciągnij z ciasta części wielkości piłki golfowej, zwiń je w kulki i ułóż na arkuszu suszarki z odstępem 1 cala.

c) Poklep zaokrąglone szczyty w dół.

d) Suszyć przez noc w suszarce lub piec przez 1 godzinę na najniższym ustawieniu przy lekko uchylonych drzwiczkach.

e) Usuń owoce i przekąski białkowe i sprawdź, czy są jędrne.

40. Mus z dyni piżmowej

Wydajność: 4 porcje

Składniki
- 2 szklanki obranej i pokrojonej w kostkę dyni piżmowej
- 1 szklanka wody
- 1 łyżeczka soku z cytryny
- 1 szklanka nerkowców lub orzeszków piniowych
- 4 daktyle – pozbawione pestek i łodyżki
- ½ łyżeczki cynamonu
- 1 łyżeczka gałki muszkatołowej
- 2 łyżeczki organicznego ekstraktu waniliowego

Wskazówki:

a) W blenderze połącz wszystkie składniki i miksuj przez około 5 minut, aż dobrze się połączą.

b) Przełóż do pojedynczych kubków do serwowania lub dużego naczynia do serwowania.

c) Można to zostawić w lodówce na noc, a smaki połączą się ze sobą, czyniąc go jeszcze bardziej pikantnym.

d) Przed podaniem skrop syropem klonowym.

41. Południowe ciasto ze słodkich ziemniaków

Wydajność: 10 porcji

Składniki:

- 2 szklanki obranych, gotowanych batatów
- ¼ szklanki roztopionego masła
- 2 jajka
- 1 szklanka cukru
- 2 łyżki burbona
- 1/4 łyżeczki soli
- 1/4 łyżeczki mielonego cynamonu
- 1/4 łyżeczki mielonego imbiru
- 1 szklanka mleka

Wskazówki:

a) Rozgrzej piekarnik do 350 stopni Fahrenheita.

b) Z wyjątkiem mleka, w pełni wymieszaj wszystkie składniki w mikserze elektrycznym.

c) Dodaj mleko i kontynuuj mieszanie, gdy wszystko się połączy.

d) Wlać nadzienie do skorupki ciasta i piec przez 35-45 minut lub do momentu, gdy nóż wsunięty w środek wyjdzie czysty.

e) Wyjmij z lodówki i pozwól mu ostygnąć do temperatury pokojowej przed podaniem.

42. Brownies ze słodkich ziemniaków i kawy

Wydajność: 8

Składniki:

- 1/3 szklanki świeżo parzonej gorącej kawy
- 1 uncja niesłodzonej czekolady, posiekanej
- 1/4 szklanki oleju rzepakowego
- 2/3 szklanki purée ze słodkich ziemniaków
- 2 łyżeczki czystego ekstraktu waniliowego

Wskazówki:

a) Rozgrzej piekarnik do 350 stopni Fahrenheita.

b) W małej misce połącz kawę i 30 ml czekolady i odstaw na 1 minutę.

c) W dużej misce wymieszaj olej, purée ze słodkich ziemniaków, ekstrakt waniliowy, cukier, kakao w proszku i sól. Mieszaj, aż wszystko się dobrze połączy.

d) Połącz mąkę i proszek do pieczenia w osobnej misce. Dodaj kawałki czekolady i dobrze wymieszaj.

e) Za pomocą łopatki delikatnie wymieszaj suche składniki z mokrymi, aż wszystkie składniki się połączą.

f) Ciasto wlać do formy do pieczenia i piec przez 30-35 minut, aż wykałaczka umieszczona na środku będzie czysta.

g) Pozostaw do całkowitego ostygnięcia.

43. Suflet kukurydziany na Święto Dziękczynienia

Wydajność: 8-10 porcji

Składniki:

- 1 średnia cebula
- 5 funtów mrożona słodka kukurydza
- 6 filiżanek Monterey Jack, posiekanych
- 3 jajka
- 1 łyżeczka soli

Wskazówki:

a) Na patelni podsmaż cebulę na oliwie z oliwek. Odłożyć na bok.

b) W robocie kuchennym zmiel kukurydzę.

c) Połącz i wymieszaj pozostałe składniki, w tym smażoną cebulę.

d) Umieścić w posmarowanym masłem naczyniu do pieczenia 8x14.

e) Piecz w temperaturze 375°F przez około 25 minut lub do momentu, gdy wierzch będzie złotobrązowy.

44.   Lody Żurawinowe

Wydajność: 2 porcje

Składniki:

przecier żurawinowy

- 1/4 szklanki wody
- 1/4 łyżeczki soli
- 12 uncji. Świeże żurawiny, oczyszczone i posortowane
- 2 łyżki świeżo wyciśniętego soku pomarańczowego

Lody

- 1½ szklanki ciężkiej śmietany
- 1½ szklanki pełnego mleka
- 1 szklanka cukru
- 1¼ szklanki przecieru żurawinowego

Wskazówki:

Przecier żurawinowy:

a) Podgrzej wodę, sól i żurawinę przez 6-7 minut na średnim ogniu.

b) Zdjąć z ognia i odstawić na 10 minut do ostygnięcia.

c) W blenderze lub robocie kuchennym zmiksuj żurawinę i sok pomarańczowy.

d) Przecier z żurawiny wstawiamy do lodówki na kilka godzin.

Lody

e) Połącz śmietanę, mleko, cukier i puree żurawinowe w misce.

f) W maszynie do lodów ubijaj składniki zgodnie z zaleceniami producenta.

g) Przenieś zamrożoną i kremową mieszankę do schłodzonego pojemnika na lody.

h) Zamrozić na minimum 4-6 godzin.

i) Rozmrozić w lodówce przez 5-10 minut przed podaniem.

45. Orzech Petite

Wydajność: 4 tuziny

Składniki:

- 8 uncji serek śmietankowy, zmiękczony
- 1 szklanka niesolonego masła, zmiękczonego
- 2 filiżanki mąki uniwersalnej
- 2 duże jajka
- 1 1/2 szklanki zapakowanego brązowego cukru
- 2 szklanki posiekanych orzechów włoskich

Wskazówki:

a) Rozgrzej piekarnik do 350 stopni Fahrenheita.

b) Za pomocą miksera elektrycznego ubij serek śmietankowy i masło na gładką masę.

c) Przesiej mąkę i odrobinę soli, a następnie mieszaj, aż powstanie ciasto. Pokrój na cztery ciasta i wstaw do lodówki na co najmniej 1 godzinę, zawinięte w folię.

d) Rozwałkuj każdy kawałek ciasta na 12 kulek i wciśnij każdą kulkę na dno i na krawędzie mini-muffinki, aby uzyskać skorupkę ciasta. Przechowywać w lodówce, aż będzie gotowy do użycia.

e) W dużej misce wymieszaj jajka, brązowy cukier i szczyptę soli na gładką masę, a następnie dodaj orzechy włoskie.

f) Włóż 1 łyżkę nadzienia do każdej skorupki ciasta

g) Piecz partiami na środku piekarnika przez 25 do 30 minut lub do momentu, aż nadzienie zacznie bulgotać, a ciasto będzie lekko złociste.

h) Przenieś do stojaka chłodzącego.

46. Suflet z marchwi na Święto Dziękczynienia

Wydajność: 8 porcji

Składniki:

- 2 funty. świeża marchewka, obrana i ugotowana
- 6 jajek
- 2/3 szklanki cukru
- 6 łyżek macy mączki
- 2 łyżeczki wanilii
- 2 laski masła lub roztopionej margaryny
- szczypta gałki muszkatołowej
- 6 łyżek brązowego cukru
- 4 łyżki roztopionego masła lub margaryny
- 1 szklanka posiekanych orzechów włoskich

Wskazówki:

a) Zmiksuj marchewki i jajka w robocie kuchennym.

b) Zmiksuj kolejne pięć składników, aż będą gładkie.

c) Piecz przez 40 minut w wysmarowanej tłuszczem formie do pieczenia 9x13 w temperaturze 350°F.

d) Dodaj polewę i piecz przez kolejne 5-10 minut.

47. dynia flanelowa

Wydajność: 6-8 porcji

Składniki:

- ¾ szklanka cukru
- ½ łyżeczki czystego ekstraktu z klonu
- 2 łyżeczki startej skórki z pomarańczy (2 pomarańcze)
- ½ łyżeczki fleur de sel
- 1½ łyżeczki mielonego cynamonu
- 1 (14uncji) puszka słodzone mleko skondensowane
- ½ łyżeczki mielonej gałki muszkatołowej
- 1 (12oz.) może odparować mleko
- 1 szklanka puree z dyni
- ½ szklanki (4 uncje) włoskiego mascarpone
- 4 bardzo duże jajka
- 1 łyżeczka czystego ekstraktu waniliowego

Wskazówki:

a) Zrób karmel: W małym rondlu z grubym dnem wymieszaj cukier, syrop klonowy i 1/3 szklanki wody.

b) Gotuj na niskim poziomie wrzenia, mieszając od czasu do czasu, przez 5-10 minut, aż mieszanina stanie się złotobrązowa i osiągnie 230°F.

c) Zdejmij patelnię z ognia, wymieszaj w fleur de sel i od razu wlej do dużej okrągłej formy do ciasta.

d) W misce połącz mleko skondensowane, mleko zagęszczone, puree z dyni i mascarpone; ubijaj na niskiej prędkości, aż będzie gładka.

e) W misce ubić jajka, wanilię, ekstrakt z klonu, skórkę pomarańczową, cynamon i gałkę muszkatołową. Mieszankę dyniową wlewaj powoli na patelnię z karmelem, aby się nie wymieszały.

f) Umieść formę do pieczenia w brytfannie i wlej do niej tyle gorącej wody, aby znalazła się w połowie wysokości krawędzi formy.

g) Piecz przez 70-75 minut na środku piekarnika, aż budyń ledwo się zastygnie.

h) Wyjąć flan z łaźni wodnej i całkowicie schłodzić na stojaku chłodzącym. Przechowywać w lodówce przez co najmniej 3 godziny.

i) Przejedź małym nożem wokół krawędzi flan.

j) Odwróć blachę do ciasta na płaski talerz do serwowania z delikatną krawędzią i wywróć tacę na talerz. Karmel powinien kapać po bokach ciasta.

k) Pokrój w ósemki i podawaj z łyżką karmelu na wierzchu każdego plasterka.

48. Zapiekanka z Kukurydzy Wiejskiej

Wydajność: 4 porcje

Składniki

- 2 szklanki ziaren kukurydzy
- 1 łyżeczka cukru
- 1 łyżeczka ekstraktu waniliowego
- 1 łyżeczka soli
- 1/4 łyżeczki czarnego pieprzu
- 2 jajka, ubite
- 1 szklanka mleka
- 1 łyżka roztopionego masła
- 2 łyżki pokruszonych krakersów

Wskazówki:

a) Rozgrzej piekarnik do 350 ° F.

b) W dużej misce wymieszaj wszystkie składniki.

c) Wlać do nienatłuszczonego naczynia do zapiekanek o pojemności 1 i 1/2 litra.

d) Piecz przez 40-50 minut lub do złotego koloru.

49. Żurawinowy Pecan Relish

Wydajność: 3 filiżanki

Składniki

- 1 pomarańcza bez pestek, pokrojona w duże kawałki
- 1 jabłko, wydrążone i pokrojone w duże kawałki
- 2 szklanki świeżej żurawiny
- 1/2 szklanki cukru
- 1/4 szklanki orzechów pekan

Wskazówki

a) W robocie kuchennym połącz wszystkie składniki.

b) Miksuj przez 1 do 2 minut, zeskrobując boki pojemnika w razie potrzeby lub do drobno posiekanego i całkowitego wymieszania.

c) Podawaj natychmiast lub schłódź do momentu podania w hermetycznym pojemniku.

50. Haszowe Ciasta Z Indyka i Ziemniaków

Wydajność: 12 ciast

Składniki

- 2 szklanki tłuczonych ziemniaków
- 4 filiżanki drobno posiekanego ugotowanego indyka
- 1/4 szklanki posiekanej cebuli
- 1/4 szklanki posiekanej zielonej papryki
- 1/4 szklanki suchej bułki tartej
- 1 łyżeczka soli
- 3/4 łyżeczki czarnego pieprzu
- 1/4 łyżeczki sproszkowanego czosnku
- 1/4 łyżeczki papryki
- 1/4 szklanki posiekanej natki pietruszki
- 3 jajka, lekko ubite
- 1/2 szklanki oleju roślinnego

Wskazówki:

a) W dużej misce wymieszaj wszystkie składniki oprócz oleju.

b) Z mieszanki wyrabiamy naleśniki.

c) Podgrzej tyle oleju, aby pokryć dużą patelnię na średnim ogniu; Ugotuj naleśniki z każdej strony, dodając w razie potrzeby więcej oleju, na złoty kolor, następnie odsącz na ręcznikach papierowych.

d) Natychmiast podawaj.

51. Szewc Jabłkowy

Wydajność: 8 porcji

Składniki

- 4 średnie jabłka, obrane i pokrojone w plastry
- 2 szklanki płatków muesli, podzielone
- 1/2 szklanki złotych rodzynek
- 1/4 szklanki miodu
- 1/4 szklanki zapakowanego brązowego cukru
- 2 łyżki roztopionego masła
- 1 łyżeczka ekstraktu waniliowego
- 1 łyżeczka mielonego cynamonu
- 1/4 łyżeczki mielonej gałki muszkatołowej
- 1/8 łyżeczki mielonych goździków
- 8 filiżanek lodów waniliowych

Wskazówki:

a) W wolnowarze o pojemności 4 litrów delikatnie podgrzej jabłka.

b) W średniej misce wymieszaj płatki muesli i 8 kolejnych składników; posyp jabłkami.

c) Gotuj na LOW przez 6 godzin, pod przykryciem.

d) Podawaj jabłka na lodach waniliowych.

52. Gooey Amish Karmelowe Ciasto

Wydajność: 8 porcji

Składniki

- 2 szklanki jasnobrązowego cukru
- 1 szklanka wody
- 1 łyżka masła
- 3/4 szklanki mąki uniwersalnej
- 3/4 szklanki mleka
- 3 żółtka
- 1 łyżeczka ekstraktu waniliowego
- 1 (9-calowa) pieczona skórka do ciasta
- 1 szklanka połówek orzecha pekan

Wskazówki:

a) Zagotuj brązowy cukier, wodę i masło w średnim rondlu na średnim ogniu; dusić 3 do 5 minut, regularnie mieszając.

b) W średniej misce wymieszaj mąkę, mleko i żółtka.

c) Powoli dodaj mieszankę mąki do gotującej się mieszanki przez 3 do 5 minut, często mieszając.

d) Zdjąć z ognia, dodać ekstrakt waniliowy i odstawić do ostygnięcia na 5 minut.

e) Wlej nadzienie do ugotowanego ciasta i przykryj połówkami orzecha pekan.

f) Odstawić na 30 minut do ostygnięcia przed schłodzeniem na 8 godzin lub na noc.

53. Jesienne liście

Wydajność: 12 liści

Składniki

- 1 zawijana schłodzona skórka do ciasta
- 1 jajko
- 2 łyżki wody

Wskazówki:

a) Rozgrzej piekarnik do 350 ° F.

b) Wytnij kształty liści z ciasta za pomocą szablonu, ostrego noża lub foremki do ciastek.

c) Nacinaj nożem linie na wycinankach „liściowych", aby przypominały żyłki na prawdziwych liściach, ale nie przecinaj całej skorupy.

d) Aby stworzyć naturalną krzywiznę podczas pieczenia, umieść wycięcia na blasze po ciastkach lub zakryj zwiniętą folią aluminiową.

e) W małej misce wymieszaj jajko i wodę, aż dokładnie się połączą. Posmaruj wycięcia płynem do jajek.

f) Piecz przez 3 do 5 minut, aż się zarumienią.

54.   Kompot z owoców żniwnych

Wydajność: 8 porcji

Składniki

- 5 jabłek, pokrojonych na 1-calowe kawałki
- 3 średnie gruszki, pokrojone w 1-calowe kawałki
- 3 duże pomarańcze, obrane i podzielone na kawałki
- 1 opakowanie (12 uncji) świeżych żurawin
- 1 1/2 szklanki soku jabłkowego
- 1 1/2 szklanki zapakowanego jasnobrązowego cukru

Wskazówki:

a) Połącz wszystkie składniki w garnku do zupy i zagotuj na średnim ogniu.

b) Zmniejsz ogień do średniego i gotuj, mieszając okresowo, przez 10 do 15 minut, aż owoce będą miękkie.

c) Gdy owoce ostygną, przełóż je łyżką do hermetycznego pojemnika i trzymaj tam, aż będą gotowe do podania.

55. Święto Dziękczynienia z żurawiną

Wydajność: 8 porcji

Składniki

- 2 skórki do ciasta
- 1 opakowanie żelatyny; pomarańczowy smak
- ¾ szklanka Wrząca woda
- ½ szklanki soku pomarańczowego
- 1 puszka (8 uncji) sosu żurawinowego w galarecie
- 1 łyżeczka startej skórki z pomarańczy
- 1 szklanka zimnego pół na pół lub mleka
- 1 opakowanie budyń instant o smaku waniliowym lub waniliowym
- 1 szklanka Cool Whip bita polewa
- Mrożona żurawina

Wskazówki:

a) Rozgrzej piekarnik do 450 ° F

b) DOPROWADZIĆ żelatynę do wrzenia i rozpuścić. Wlej sok pomarańczowy. Umieść miskę w większej misce z lodem i wodą. Pozostaw na 5 minut, regularnie mieszając, aż żelatyna lekko zgęstnieje.

c) Dodaj sos żurawinowy i skórkę pomarańczową i wymieszaj, aby połączyć. Wypełnij ciasto nadzieniem. Schłodź przez około 30 minut lub do czasu zestalenia się.

d) Do średniej miski wlej pół na pół. Wrzuć mieszankę do nadzienia ciasta. Ubijaj, aż do całkowitego wymieszania.

e) Odstawić na 2 minuty, aż sos nieco zgęstnieje. Na koniec dodaj ubitą polewkę.

f) Delikatnie rozprowadź na wierzchu mieszankę żelatyny. Schłodź przez 2 godziny lub do zesztywnienia.

g) Jeśli wolisz, dodaj więcej bitej polewy i Mrożoną Żurawinę.

56. Musująca Żurawina

Wydajność: 2 filiżanki

Składniki

- 1 szklanka czystego syropu klonowego
- 2 szklanki świeżej żurawiny
- 1 szklanka cukru
- Pergamin

Wskazówki:

a) Syrop klonowy gotuj przez 1 do 2 minut w rondlu na średnim ogniu.

b) Zdejmij z ognia i wymieszaj z żurawiną.

c) Schłodzić przez 8 do 12 godzin pod przykryciem.

d) Odcedź żurawinę.

e) Jednorazowo wrzucaj 4 do 5 żurawin do cukru, delikatnie podrzucając.

f) Żurawinę ułożyć w jednej warstwie na blasze wyłożonej papierem do pieczenia i odstawić do całkowitego wyschnięcia.

57. Tort z nadzieniem cytrynowym

Skorupka bezy

- 3 duże białka jaj
- ¼ łyżeczki śmietanki tatara
- ¼ łyżeczki koszernej soli
- 10 opakowań słodzika aspartamu

Pożywny

- 2¼ szklanki wody
- starta skórka z 1 cytryny plus sok
- 30 saszetek słodzika aspartamowego
- 1/3 szklanki plus 2 łyżki mąki kukurydzianej
- 2 duże jajka i 2 duże białka
- 2 łyżki masła niesolonego

Wskazówki:

a) W średniej misce ubić 3 białka jajek na pianę. Dodaj śmietankę z tatara, sól i słodzik i ubij na sztywną piankę. Blachę do pieczenia wyłożyć papierem do pieczenia i wylać bezę na papier.

b) Wymieszaj wodę, skórkę i sok z cytryny, sól, słodzik i skrobię kukurydzianą w średnim rondlu. Doprowadzić do wrzenia na średnim ogniu, ciągle mieszając.

c) W małej misce ubij dwa jajka i dwa białka. Wymieszaj około połowy gorącej mieszanki skrobi kukurydzianej, a następnie wmieszaj tę mieszankę jaj z powrotem do mieszanki skrobi kukurydzianej pozostałej na patelni. Gotuj i mieszaj na małym ogniu przez 1 minutę.

d) Usuń z ciepła i zawiruj w maśle. Wlej miksturę do ugotowanej i schłodzonej skorupki bezy. Udekoruj pokrojonymi truskawkami i podawaj od razu.

58. Czekoladowe fondue amaretto

Składniki:

- 3 uncje niesłodzonej czekolady do pieczenia
- 1 szklanka gęstej śmietany
- 24 opakowania słodzika aspartamowego
- 1 łyżka cukru
- 1 łyżeczka amaretto
- 1 łyżeczka ekstraktu waniliowego
- Jagody do wyboru, około ½ szklanki na porcję

Wskazówki:

a) Czekoladę połamać na małe kawałki i włożyć do szklanej miarki na 2 szklanki ze śmietanką. Podgrzej w kuchence mikrofalowej na wysokim poziomie (100 procent mocy), aż czekolada się rozpuści, około 2 minut (lub podgrzej w podwójnym grillu na małym ogniu, ciągle ubijając). Ubijaj, aż mieszanina będzie błyszcząca.

b) Dodaj słodzik, cukier, amaretto i wanilię, mieszając, aż masa będzie gładka.

c) Przenieś miksturę do garnka do fondue lub miski do serwowania. Podawać z jagodami do maczania.

59.   Flany z sosem malinowym

Składniki:

- 1 szklanka mleka
- 1 szklanka pół na pół
- 2 duże jajka
- 2 duże żółtka
- 6 opakowań słodzika aspartamu
- ¼ łyżeczki koszernej soli
- 1 łyżeczka ekstraktu waniliowego
- 1 szklanka świeżych malin

Wskazówki:

a) Umieść brytfankę wypełnioną 1 cal wody na ruszcie w dolnej jednej trzeciej części piekarnika.

b) Masło sześć ½-calowych kokilek. Podgrzej mleko i pół na pół w mikrofalówce na wysokim poziomie (100 procent mocy) przez 2 minuty lub na kuchence w średnim rondlu, aż będzie ciepłe.

c) W międzyczasie ubić jajka i żółtka w średniej misce na pianę. Stopniowo ubijaj mieszankę gorącego mleka do jajek. Wymieszaj słodzik, sól i wanilię. Wlej miksturę do przygotowanych kokilek.

d) Umieścić w rondelkach z wodą i piec około 30 minut, aż budyń się zetnie.

e) Wyjąć naczynia z brytfanny i schłodzić do temperatury pokojowej na ruszcie, a następnie wstawić do lodówki do schłodzenia, około 2 godzin.

f) Aby zrobić coulis, po prostu zmiksuj maliny w robocie kuchennym. Dodaj słodzik do smaku.

g) Aby podać, najedź łyżką brzeg każdego kremu i wyłóż go na talerz deserowy. Skrop sosem coulis na wierzchu kremu i zakończ kilkoma świeżymi malinami i gałązką mięty, jeśli używasz.

60. Ciasto czekoladowe

Składniki:

- Kakao do posypania patelni
- 6 łyżek niesolonego masła
- 4 uncje niesłodzonej czekolady
- 1/3 szklanki pół na pół
- 1/3 szklanki malinowo-owocowych konfitur
- 1 łyżeczka błyskawicznego espresso w proszku
- 1 łyżka cukru
- 3 duże jajka, oddzielone
- 1 łyżeczka ekstraktu waniliowego
- 22 opakowania słodzika aspartamowego
- $\frac{1}{8}$ łyżeczka kremu tatarskiego
- $\frac{1}{4}$ szklanki mąki uniwersalnej
- $\frac{1}{8}$ łyżeczka soli
- 1 szklanka gęstej śmietany
- $\frac{1}{2}$ szklanki malin do dekoracji (opcjonalnie)

Wskazówki:

a) Połącz masło, czekoladę, pół na pół, konfitury malinowe i espresso w naczyniu nadającym się do kuchenki mikrofalowej. Podgrzej w mikrofalówce na wysokim poziomie (100 procent mocy), aż czekolada się rozpuści, 2 do 3 minut.

b) Dodaj cukier, żółtka i wanilię. Dodaj aspartam, mieszając, aż będzie gładka.

c) W drugiej misce ubić białka do uzyskania piany, następnie dodać śmietankę tatarską i ubić na sztywną piankę. Mieszankę czekoladową dodać do białek, a następnie dodać połączoną mąkę i sól, uważając, aby nie wymieszać. Wlej do przygotowanej patelni. Upiec.

61.   Flan almendra

Składniki:

- 1¼ szklanki pełnego mleka
- 4 duże jajka
- 3 opakowania słodzika aspartam lub do smaku
- 1 łyżka cukru
- 1 łyżeczka ekstraktu waniliowego
- 1 łyżeczka ekstraktu migdałowego (opcjonalnie)
- ¼ szklanki posiekanych migdałów
- ½ szklanki wybranych jagód do przybrania (opcjonalnie)

Wskazówki:

a) Umieść w piekarniku brytfankę wypełnioną 1 cal wody i rozgrzej do 325°F. Masło 4 kokilki lub szklane kubki z kremem.

b) Podgrzej mleko w 1-litrowej misce przeznaczonej do kuchenek mikrofalowych przez 2 minuty na wysokim poziomie (100 procent mocy). Ewentualnie podgrzej na kuchence w średnim rondlu do wrzenia.

c) W międzyczasie w innej misce wymieszaj jajka, słodzik, cukier, wanilię i ekstrakt migdałowy, jeśli używasz. Wlej gorące mleko do masy jajecznej i wymieszaj, aby zmiksować.

d) Podpraż migdały, podgrzewając je na małej, suchej patelni, aż zaczną się brązowieć, około 1 minuty. Podziel migdały na 4 kokilki, a następnie napełnij kremem. Przykryj folią aluminiową. Umieść kokilki w kąpieli wodnej. Pieczemy, aż kremy się zestalą, około 20 minut. Aby przetestować, włóż nóż do środka; powinien wyjść czysty.

e) Podawać w temperaturze pokojowej lub schłodzone. Aby podać, przejedź nożem wokół krawędzi kokilki, a następnie wyłóż flan na talerz deserowy. Jeśli chcesz, dodaj $\frac{1}{2}$ szklanki wybranych jagód.

62. Przyprawione truskawki

Składniki:

- 2 szklanki truskawek przekrojonych na pół
- 1 łyżka cukru
- 2 łyżeczki octu sherry
- $\frac{1}{4}$ łyżeczki drobno zmielonego czarnego pieprzu

Wskazówki:

a) W średniej misce wymieszać jagody z cukrem, octem i pieprzem. Przykryj i schłódź przez co najmniej 15 minut.

b) Podawać w deserowych daniach na nogach.

63. Jeżynowy głupiec

Składniki:

- 1 szklanka crème fraîche lub 1 łyżka kwaśnej śmietany plus 1 szklanka ciężkiej śmietany
- 1 szklanka jeżyn
- 1 łyżka cukru
- 1 opakowanie słodzika aspartamu lub do smaku
- $\frac{1}{8}$ łyżeczka crème de cassis

Wskazówki:

a) Odłóż na bok 6 wspaniałych jeżyn. Połącz pozostałe jagody z cukrem, słodzikiem, crème de cassis i crème fraîche. Delikatnie wymieszaj, a następnie przełóż łyżką na deserowe półmiski.

b) Przykryj i schłódź do czasu podania. Udekoruj zarezerwowanymi jagodami.

64.   zabajone

Składniki:

- 6 dużych żółtek
- 2 opakowania słodzika aspartamowego
- ¼ szklanki marsali
- 1 łyżka startej skórki z pomarańczy
- 3 łyżki Grand Marnier
- 1 szklanka gęstej śmietany, ubitej na miękkie szczyty

Wskazówki:

a) Ubij żółtka i słodzik w górnej części podwójnego bojlera, ustaw na gotującej się wodzie, aż do uzyskania jasnożółtego i gęstego koloru, 3 do 5 minut.

b) Dodaj marsalę i skórkę pomarańczową i kontynuuj gotowanie, energicznie ubijając, aż mieszanina zgęstnieje na tyle, aby pokryć wierzch łyżki.

c) Zdejmij z ognia i dodaj Grand Marnier.

d) Podziel na cztery dania deserowe. Podawaj na ciepło lub schłodzone. Posyp każdą porcję ¼ szklanki bitej śmietany. Ewentualnie schłodzić zabaglione i dodać bitą śmietanę, a następnie podzielić na desery.

65. Maliny i śmietana

Składniki:

- ½ szklanki ciężkiej śmietany
- ¼ łyżeczki ekstraktu waniliowego
- 1 łyżka cukru
- ½ paczki słodzika aspartamu
- 1 pół litra świeżych malin

Wskazówki:

a) Śmietanę ubić z wanilią, cukrem i aspartamem, aż utworzy miękkie piki. Łyżką zmiażdżyć połowę malin i dodać do śmietany.

b) Pozostałe jagody podziel do czterech miseczek deserowych i posyp kremem malinowym. Przykryj i wstaw do lodówki do czasu podania.

66. Kulki owocowe w bourbonie

Składniki:

- ½ szklanki kulek melona
- ½ szklanki przekrojonych na pół truskawek
- 1 łyżka burbona
- 1 łyżka cukru
- ½ paczki słodzika aspartamu lub do smaku
- Gałązki świeżej mięty do dekoracji

Wskazówki:

a) Połącz kulki melona i truskawki w szklanym naczyniu.

b) Dodaj burbon, cukier i aspartam.

c) Przykryj i wstaw do lodówki do czasu podania. Przełóż owoce do deserów i udekoruj listkami mięty.

67. Mango w stylu indyjskim

Składniki:

- 1 duże dojrzałe mango
- ½ limonki
- ½ łyżeczki curry w proszku

Wskazówki:

a) Pokrój mango na pół wzdłuż wzdłuż równika.

b) Przekręć ręce, aby uwolnić dół, który wyrzucisz.

c) Naciąć miąższ każdej połówki, tworząc delikatny krzyżyk bez przecinania skóry.

d) Odwróć każde mango do połowy na lewą stronę i podawaj na talerzu deserowym posypanym sokiem z limonki i curry.

68. Włoski sernik

Składniki:

- 2 szklanki częściowo odtłuszczonego sera ricotta
- 3 duże jajka
- 2 łyżki mąki kukurydzianej
- 2 opakowania słodzika aspartamowego
- $1\frac{1}{2}$ łyżeczki ekstraktu z cytryny
- 1 szklanka świeżych malin
- $\frac{1}{4}$ szklanki owocowych konfitur z czerwonej porzeczki

Wskazówki:

a) Rozgrzej piekarnik do 325°F. Posmaruj masłem 9-calowy talerz na ciasto. W dużej misce ubij razem ricottę i jajka na gładką masę.

b) Wmieszaj skrobię kukurydzianą, słodzik i ekstrakt z cytryny. Zamień w przygotowaną płytkę do ciasta. Piecz na środkowej półce piekarnika przez 1 godzinę lub do momentu, aż nóż włożony na środku wyjdzie czysty.

c) Schłodzić na ruszcie, a następnie schłodzić. Udekoruj świeżymi malinami. Przetwory roztopić w mikrofalówce na wysokim poziomie (100 procent mocy) przez 30 sekund, a następnie skropić jagody.

d) Wstawić do lodówki do czasu podania.

69.   Puch cytrynowy

Składniki:

- 2 duże jajka, oddzielone
- 2 szklanki mleka
- 1 koperta niesmakowana żelatyna
- 1 opakowanie słodzika aspartamu
- 1 łyżka cukru
- 2 łyżeczki ekstraktu z cytryny
- 1 łyżeczka startej skórki z cytryny

Wskazówki:

a) W średnim rondlu ubij żółtka, aż będą gęste i cytrynowe. Dodaj mleko i żelatynę i odstaw na 5 minut do zmiękczenia.

b) Dodaj słodzik i cukier i gotuj na małym ogniu, ciągle mieszając, przez 5 minut. Zdejmij z ognia i wymieszaj ekstrakt i skórkę z cytryny.

c) Wlać do dużej, płytkiej miski i schłodzić w dużej misce wypełnionej lodowatą wodą.

d) W międzyczasie w średniej misce ubij białka jajek na miękką pianę. Dodaj do mieszanki cytrynowej.

e) Włóż łyżkę do sześciu deserowych półmisków i schłódź do zestalenia.

70. Bezy migdałowo-kokosowe

Składniki:

- 3 duże białka jaj
- ¼ łyżeczki koszernej soli
- 3 opakowania słodzika aspartamowego
- 1 łyżeczka ekstraktu z migdałów
- ⅛ szklanka drobno posiekanych migdałów
- ½ szklanki posiekanego niesłodzonego kokosa

Wskazówki:

a) Rozgrzej piekarnik do 250 ° F. W czystej misce wymieszaj białka, sól i słodzik.

b) Ubijaj mikserem elektrycznym lub trzepaczką, aż białka stworzą sztywne piony. Dodaj ekstrakt z migdałów, migdały i kokos.

c) Wrzuć czubatą łyżkę stołową na blachę wyłożoną papierem do pieczenia.

d) Piec 30 minut, następnie wyłączyć piekarnik i pozostawić bezy do wystygnięcia w piekarniku, bez otwierania drzwi, co najmniej 1 godzinę. Przechowywać w puszce.

71. Ciasteczka z kawałkami czekolady

Porcje: 12 ciasteczek

Składniki:

- ½ szklanki masła
- szklanka serka śmietankowego
- 1 ubite jajko
- 1 łyżeczka ekstraktu waniliowego
- ⅓ szklanka erytrytolu
- ½ szklanki mąki kokosowej
- ⅓ szklanka kawałka czekolady bez cukru

Wskazówki:

a) Rozgrzej frytownicę do 350°F. Wyłóż kosz frytkownicy powietrznej pergaminem i umieść ciasteczka w środku

b) W misce wymieszaj masło i serek. Dodaj erytrytol i ekstrakt waniliowy i ubijaj na puszystą masę. Dodaj jajko i ubijaj, aż się połączy. Wymieszaj mąkę kokosową i wiórki czekoladowe. Odstaw ciasto na 10 minut.

c) Wyciągnij około 1 łyżki ciasta i uformuj ciasteczka.

d) Umieść ciasteczka w koszyku frytownicy i gotuj przez 6 minut.

72. Ciasteczka z frytkownicy powietrznej

wydajność: 2 PORCJE

Składniki:

- 1/3 szklanki mąki migdałowej
- 3 łyżki słodzika w proszku
- 1/2 łyżeczki proszku do pieczenia
- 2 łyżki niesłodzonego proszku kakaowego
- 1 jajko
- 4 łyżki masła, stopione
- 2 łyżki chipsów czekoladowych
- 2 łyżki posiekanych orzechów pekan

Wskazówki:
a) Rozgrzej frytownicę do 350 stopni.

b) W misce wymieszaj mąkę migdałową, proszek do pieczenia, kakao i słodzik w proszku.

c) Do suchych składników dodaj jajko i roztopione masło i ubijaj na wysokich obrotach na gładką masę.

d) Wymieszaj orzechy pekan i chipsy czekoladowe.

e) Rozdziel ciasto na dwie oddzielne, dobrze nasmarowane kokilki.

f) Smaż ciastka przez 10 minut jak najdalej od źródła ciepła na górze frytownicy.

g) Odstaw brownie na 5 minut przed podaniem z ulubionymi dodatkami.

73. Sernik Jagodowy

Wydajność: 8

Składniki:

- 2 (8 uncji) bloki serka śmietankowego, zmiękczonego
- 1 szklanka + 2 łyżki słodzika cukierniczego
- 2 jajka
- 1 łyżeczka ekstraktu z malin
- 1 szklanka jagód

Wskazówki:

a) W dużej misce ubij serek śmietankowy i słodzik Swerve, aż będą gładkie i kremowe.

b) Dodaj jajka i ekstrakt z malin. Dobrze wymieszaj.

c) W blenderze lub robocie kuchennym zmiażdż jagody, a następnie wymieszaj z sernikiem wraz z 2 dodatkowymi łyżkami Swerve.

d) Smarujemy tortownicę, a następnie wlewamy łyżką do masy.

e) Umieść patelnię w koszu frytownicy i gotuj w temperaturze 300 ° F przez 10 minut. Następnie obniż temperaturę do 250 ° F na 40 minut. Wiesz, że to się robi, gdy delikatnie potrząsasz patelnią i wszystko wydaje się ustawione, ale środek lekko drży.

f) Wyjmij go i pozwól mu trochę ostygnąć przed włożeniem do lodówki. Przechowuj w lodówce przez 24 godziny. Im dłużej, tym lepiej pozwolić mu się całkowicie skonfigurować.

74. Pączki we frytownicy

Serwuje 6

Składniki:

- 1 ¼ szklanki mąki migdałowej 125 gram
- ¼ kubek granulowany erytrytol 60 gram
- 1 łyżeczka proszku do pieczenia
- ¼ łyżeczki gumy ksantanowej
- ⅛ łyżeczka soli
- 2 jajka w temperaturze pokojowej
- 2 łyżki roztopionego oleju kokosowego
- 2 łyżki niesłodzonego mleka migdałowego
- ½ łyżeczki ekstraktu waniliowego
- ¼ łyżeczki płynnej stewii
- Cukier Cynamonowy
- 4 łyżki granulowanego erytrytolu
- 1 ½ łyżeczki cynamonu

Wskazówki:
a) W dużej misce wymieszaj mąkę migdałową, erytrytol, proszek do pieczenia, gumę ksantanową i sól.

b) W średniej misce lekko ubij jajka o temperaturze pokojowej. Wymieszaj roztopiony olej kokosowy, mleko migdałowe, wanilię i płynną stewię. Wlej mieszankę do miski z suchymi składnikami i mieszaj do połączenia.

c) Rozgrzej frytownicę powietrzną w temperaturze 330°F przez 3 minuty. Spryskaj patelnie do pączków lub foremki olejem z awokado.

d) Wylej ciasto do sześciu 3-calowych zagłębień na pączki, wypełniając około 3/4 objętości. Stuknij patelnię w blat, aby uspokoić ciasto i zredukować pęcherzyki powietrza.

e) Piecz pączki we frytownicy w temperaturze 330°F przez 8 minut. Sprawdź wykałaczką, czy jest gotowe. (W przypadku wielu frytownic powietrznych konieczne może być upieczenie najpierw zestawu 4 pączków, a następnie pozostałych 2.)

f) Wyjmij pączki z frytownicy i pozostaw do ostygnięcia na patelni przez 5 minut. W międzyczasie wymieszaj w misce erytrytol i cynamon (i w razie potrzeby upiecz pozostałe pączki).

g) Po schłodzeniu ostrożnie wyjmij pączki z patelni i pokryj obie strony każdego pączka mieszanką cukru cynamonowego.

h) Włóż powlekane pączki do frytownicy, płaską stroną do dołu. Piecz w 350°F przez 2 minuty, natychmiast pokryj cukrem cynamonowym na ostatni czas. Cieszyć się!

75. Ciasto Waniliowe Truskawkowe

Serwuje 6

Składniki:

- 1 szklanka (100g) mączki migdałowej
- ½ szklanki (75g) Natvia
- 1 łyżeczka (5g) proszku do pieczenia
- 2 łyżki (40g) oleju kokosowego
- 2 duże jajka (po 51g)
- 1 łyżeczka (5g) ekstraktu waniliowego
- 300 ml zimnej śmietany
- 200g świeżych dojrzałych truskawek

Wskazówki:
a) Rozgrzej frytkownicę w temperaturze 180°C przez 3 minuty.

b) W dużej misce wymieszaj mączkę migdałową, Natvię i proszek do pieczenia ze szczyptą soli morskiej.

c) Dodaj olej kokosowy, jajka i wanilię i wymieszaj, aby połączyć.

d) Lekko posmaruj 16 cm tortownicę dodatkowym olejem kokosowym.

e) Za pomocą łopatki zeskrob miksturę do formy do ciasta.

f) Włóż koszyk do frytownicy i przykryj folią.

g) Gotuj w 160°C przez 20 minut.

h) Usuń folię i gotuj przez kolejne 10 minut lub do momentu, gdy włożony szpikulec usunie się do czysta.

i) Po ostygnięciu ubijaj zimną śmietanę elektrycznym trzepaczką przez 5 minut lub do uzyskania sztywnych szczytów.

j) Rozłóż na torcie i ułóż pokrojone truskawki na wierzchu.

k) Zaczynając od zewnątrz, używaj większych plastrów (szpiczastą stroną na zewnątrz), stopniowo wsuwając się do środka.

l) Nałóż każdą warstwę, aby uzyskać wysokość.

76.   szewc jagodowy

Służy 4

Składniki:

- 2 szklanki (250g) mrożonych jagód, rozmrożonych
- ½ szklanki (120g) zmiękczonego masła
- ¼ szklanki (38g) Natvia
- 2 jajka (po 51g)
- ½ szklanki (50g) mączki migdałowej
- 1 łyżeczka (5g) ekstraktu waniliowego

Wskazówki:

a) Rozgrzej frytkownicę w temperaturze 180°C przez 3 minuty.

b) Umieść rozmrożone jagody na dnie naczynia ceramicznego o wymiarach 8 x 8 cm lub formy do chleba.

c) W misce wymieszaj pozostałe składniki ze szczyptą soli morskiej i łyżką na jagody.

d) Delikatnie szturchnij, aby lekko wymieszać mieszankę jagód i migdałów.

e) Umieść naczynie we frytownicy.

f) Przykryj folią.

g) Piec w 180°C przez 10 minut. Zdejmij folię i piecz przez kolejne 5 minut lub do całkowitego zrumienienia.

77. Ciasto Czekoladowe Bundt

Serwuje 6

Składniki:

- 1 ½ szklanki (150g) mączki migdałowej
- ½ szklanki (75g) Natvia
- ⅓ szklanka (30g) niesłodzonego kakao w proszku
- 1 łyżeczka (5g) proszku do pieczenia
- ⅓ szklanki (85g) niesłodzonego mleka migdałowego
- 2 duże jajka (po 51g)
- 1 łyżeczka (5g) ekstraktu waniliowego

Wskazówki:
a) Rozgrzej frytkownicę w temperaturze 180°C przez 3 minuty.

b) W dużej misce wymieszaj wszystkie składniki, aż dobrze się połączą.

c) Spryskaj małą puszkę Bundt olejem. Uwaga: Formy do ciast Bundt są dostępne w różnych rozmiarach, rozmiar, którego potrzebujesz, będzie zależał od rozmiaru Twojej frytownicy. Lekki spryskanie olejem lub posmarowanie roztopionym masłem zapobiegnie przywieraniu.

d) Włóż ciasto do formy.

e) Umieść w koszyku frytownicy i gotuj w 160°C przez 10 minut.

f) Schłodzić przez 5 minut przed wyjęciem.

78.   Giant PB Cookie

Służy 4

Składniki:

- ⅓ szklanka (33g) mączki migdałowej
- 2 łyżki stołowe (24g) Natvia
- 1 duże jajko (51g)
- 3 łyżki (75g) chrupiącego masła orzechowego
- 1 łyżeczka (3g) cynamonu

Wskazówki:

a) Rozgrzej frytkownicę w temperaturze 180°C przez 3 minuty.

b) Wszystkie składniki włożyć do miski ze szczyptą soli morskiej i wymieszać do połączenia.

c) Nałóż miksturę na papier do pieczenia i lekko dociśnij, aby się rozsmarowały, zachowując jak największą gęstość.

d) Gotuj w 180°C przez 8 minut.

79. Deserowe Bajgle

Sprawia, że 4

Składniki:

- 1 szklanka (100g) mączki migdałowej
- ½ łyżeczki (2,3g) proszku do pieczenia
- ¼ szklanki (75g) rozdrobnionej mozzarelli
- 1 łyżka serka śmietankowego (20g)
- 1 duże jajko (51g)

Wskazówki:

a) Rozgrzej frytkownicę w temperaturze 180°C przez 3 minuty.

b) Wymieszaj razem mączkę migdałową i proszek do pieczenia. Dopraw szczyptą soli.

c) Rozpuść mozzarellę i serek śmietankowy w misce w kuchence mikrofalowej przez 30 sekund.

d) Ostudzić, a następnie dodać jajko. Mieszaj, aby połączyć.

e) Dodaj mączkę migdałową i wyrabiaj ciasto.

f) Podziel na 4 równe porcje, uformuj kiełbaski o długości 8cm.

g) Ściśnij końce razem, aby uzyskać kształt pączka.

h) Ułożyć na papierze do pieczenia.

i) Piec w 160°C przez 10 minut.

80. Budyń Chlebowy

Porcje: 2

Składniki
- Spray nieprzywierający do smarowania kokilek
- 2 kromki białego chleba, pokruszone
- 4 łyżki białego cukru
- 5 dużych jaj
- ½ szklanki śmietanki
- Sól, szczypta
- 1/3 łyżeczki cynamonu

Wskazówki
a) Weź miskę i ubij w niej jajka.
b) Dodaj cukier i sól do jajka i dobrze wymieszaj.
c) Następnie dodaj śmietanę i za pomocą ręcznego ubijaka wmieszaj wszystkie składniki.
d) Teraz dodaj cynamon i okruchy chleba.
e) Dobrze wymieszaj i dodaj do okrągłej formy do pieczenia.
f) Włóż go do frytownicy.
g) Ustaw go w trybie AIRFRY na 350 stopni F na 8-12 minut.
h) Po ugotowaniu podawaj.

81.   Mini Ciasta Truskawkowo-Śmietankowe

Porcje: 2

Składniki
- 1 pudełko kupione w sklepie Ciasto na ciasto, Trader Joe's
- 1 szklanka truskawek, pokrojonych w kostkę
- 3 łyżki śmietany, ciężkie
- 2 łyżki migdałów
- 1 białko jajka do posmarowania

Wskazówki:
a) Weź ze sklepu przyniesione ciasto i spłaszcz je na powierzchni.
b) Użyj okrągłego noża, aby pociąć go na 3-calowe koła.
c) Posmaruj ciasto białkiem jajka dookoła parametrów.
d) Teraz dodaj migdały, truskawki i śmietanę w bardzo małej ilości na środek ciasta i przykryj je innym okrągłym.
e) Naciśnij krawędzie widelcem, aby je uszczelnić.
f) Zrób szczelinę na środku ciasta i włóż do kosza.
g) Ustaw go na tryb AIR FRY 360 stopni na 10 minut.
h) Po zakończeniu podawaj.

82. Brazylijski ananas z grilla

Porcje: 4

Składniki

- 1 ananas, obrany, wydrążony i pokrojony na włócznie
- 1/2 szklanki (110 g) brązowego cukru
- 2 łyżeczki (2 łyżeczki) Mielony Cynamon
- 3 łyżki (3 łyżki stołowe) roztopionego masła

Wskazówki:

a) W małej misce wymieszaj brązowy cukier i cynamon.

b) Posmaruj włócznie ananasa roztopionym masłem. Posyp włócznie cukrem cynamonowym, lekko naciskając, aby dobrze przylegały.

c) Umieść włócznie w koszyku frytownicy w jednej warstwie. W zależności od wielkości frytownicy powietrza może być konieczne robienie tego partiami.

d) Ustaw frytownicę na 400°F na 10 minut dla pierwszej partii (6-8 minut dla następnej partii, ponieważ frytownica powietrzna zostanie wstępnie podgrzana). W połowie posmaruj pozostałym masłem.

e) Ananasy są gotowe, gdy są podgrzane, a cukier bulgocze.

83. Banany cynamonowe w kokosowej panierce

Składniki
- 4 dojrzałe, ale twarde banany
- ½ szklanki mąki z tapioki
- 2 duże jajka
- 1 szklanka rozdrobnionych płatków kokosowych
- 1 czubata łyżeczka mielonego cynamonu
- Spray kokosowy

Wskazówki:
a) Pokrój każdego banana na trzy części

b) Wykonaj linię montażową:

c) Mąkę z tapioki wsypać do płytkiego naczynia.

d) Wbij jajka do innej płytkiej miski i lekko ubij.

e) Połącz posiekany kokos i zmielony cynamon w trzecim płytkim naczyniu. Dobrze wymieszaj.

f) Obtocz banany w mące z tapioki i strząśnij nadmiar.

g) Zanurz banany w ubitych jajkach. Upewnij się, że jest całkowicie pokryty płynem do jajek.

h) Banany obtocz w płatkach cynamonowo-kokosowych, aby całkowicie je pokryć. Mocno dociśnij, aby płatki kokosowe przylegały do bananów. Trzymaj je na płaskiej tacy.

i) Obficie spryskaj kosz Air Fryer olejem kokosowym.

j) Ułóż kawałki bananów w kokosowej skorupce w koszu frytownicy. Spryskaj większą ilością sprayu kokosowego.

k) Smażyć na powietrzu w temperaturze 270F przez 12 minut.

l) Posyp mielonym cynamonem i podawaj na ciepło lub w temperaturze pokojowej z gałką lodów.

84. Bezglutenowe łatwe ciasto kokosowe

Wydajność: 6-8

Składniki
- 2 jajka
- 1 1/2 szklanki mleka
- 1/4 szklanki masła
- 1 1/2 łyżeczki ekstraktu waniliowego
- 1 szklanka posiekanego kokosa
- 1/2 szklanki owoców mnicha
- 1/2 szklanki mąki kokosowej

Wskazówki:

a) Pokryj 6 calowy talerz ciastem nieprzywierającym sprayem i napełnij go ciastem. Kontynuuj wykonywanie tych samych instrukcji, co powyżej.

b) Gotuj we frytownicy w temperaturze 350 stopni przez 10 do 12 minut.

c) Sprawdź ciasto w połowie czasu pieczenia, aby upewnić się, że się nie pali, obróć talerz, użyj wykałaczki, aby sprawdzić, czy jest gotowe.

85. Pudding Pecan

Składniki:

- 1 łyżka masła lub margaryny
- 1 duże ubite białko jaja
- 1/3 szklanki ciemnego syropu kukurydzianego
- 1/4 łyżeczki wanilii
- 2 łyżki niebielonej mąki
- 1/8 łyżeczki proszku do pieczenia
- 1/4 szklanki posiekanych orzechów pekan
- Cukier puder

Wskazówki:

a) W 15-uncjowym kubku z kremem w mikrofalówce masło lub margarynę, bez przykrycia, na 100% mocy przez 30 do 40 sekund lub po prostu do rozpuszczenia.
b) Wymieszaj masło w kubku z kremem, pokrywając boki i spód.
c) Wlej nadmiar masła z kubka budyniowego do ubitego jajka.
d) Wymieszać z ciemnym syropem kukurydzianym i wanilią.
e) Wymieszaj mąkę i proszek do pieczenia.
f) Mieszankę mąki wmieszać do masy jajecznej. Delikatnie dodać posiekane orzechy pekan.
g) Wlej mieszankę orzechów pekan do posmarowanego masłem 15-uncjowego kubka budyniowego. Kuchenka mikrofalowa, bez przykrycia, na 50% mocy przez 3 do 4 minut lub do momentu, gdy mieszanina orzechów po prostu się zwiąże, obracając kubek z kremem o pół obrotu co minutę.
h) Przesiej trochę cukru pudru. W razie potrzeby podawać na ciepło z jasną śmietaną.

86. Mus z likieru kawowego

Składniki:

- 4 jajka, oddzielone
- 1/4 szklanki likieru kawowego
- 1/4 szklanki syropu klonowego
- 1/8 szklanki koniaku
- 1 szklanka wody
- 1 szklanka śmietany do ubijania

Wskazówki:

a) W blenderze lub trzepaczką elektryczną zmiksuj żółtka, syrop klonowy i wodę. Przełóż do rondla i zagotuj. Zdejmij z ognia i dodaj likier kawowy i koniak. Chłod.
b) Ubijaj śmietanę i białka jajek, aż uformują się miękkie szczyty.
c) Ostrożnie włóż do schłodzonej mieszanki likierowej.
d) Przełóż do szklanek demitasse i schłódź 2 godziny.

87. Brzoskwiniowy Deser Melba

Składniki:

- 2 c Brzoskwinie; pokrojone, obrane
- 2 łyżki malin
- 3/4 szklanki cukru
- 2 łyżki wody
- Lody; wanilia

Wskazówki:

a) W rondelku zagotuj brzoskwinie, maliny, cukier i wodę.
b) Zmniejsz ogień i gotuj 5 minut.
c) W razie potrzeby schłódź.
d) Podawać z lodami.

88. Mrożony Jogurt Cynamonowo Orzechowy

Składniki:

- 4 szklanki jogurtu waniliowego
- 1 łyżka cukru
- 1/2 łyżeczki cynamonu
- Sól
- 1 łyżka śmietany do ubijania
- 1 łyżeczka wanilii
- 1 c kawałków orzecha włoskiego

Wskazówki:

a) W misce dokładnie wymieszaj jogurt, cukier, cynamon i sól. Wymieszać z bitą śmietaną i wanilią. Dodaj orzechy.
b) Przykryj i wstaw do lodówki na 30 minut.
c) Zamrozić zgodnie z zaleceniami producenta.

89. Krówka pięciominutowa

Składniki:

- 2/3 szklanki mleka odparowanego
- 1-2/3 szklanki cukru
- 1/2 łyżeczki soli
- 1-1/2 szklanki pianek (najlepiej działają miniatury)
- 1-1/2 szklanki chipsów czekoladowych (półsłodkie)
- 1 łyżeczka wanilii

Wskazówki:

a) Połącz mleko, cukier i sól w rondlu na średnim ogniu.
b) Doprowadź do wrzenia i gotuj przez 4-5 minut, cały czas mieszając (rozpocznij odmierzanie czasu, gdy mieszanina zacznie "bulgotać" wokół rogów patelni). Usuń z ognia. Dodaj pianki, chipsy czekoladowe i wanilię. Mieszaj energicznie przez 1 minutę (lub do momentu całkowitego stopienia i wymieszania pianek). Wlać do posmarowanej masłem kwadratowej patelni o przekątnej 8 cali. Schłodzić, aż nie wypadnie ani nie rozleje się na patelni.
c) Lubisz orzechy? Dodaj 1/2 szklanki posiekanych orzechów przed wlaniem na patelnię.

90. Skórka Migdałowo-Owsiana

Składniki:

- 1c. mielone migdały
- 1c. mąka owsiana
- 1/2 łyżeczki soli
- 1/4 dol. woda lub sok

Wskazówki:

a) Zmiel migdały i płatki owsiane w blenderze na drobno lub zmiel płatki owsiane i migdały w robocie kuchennym, dodając sól i wodę podczas pracy robota. DODAJ sól, dobrze mieszając. Dodaj wodę. Dobrze wymieszaj. WCIŚNIJ do formy do ciasta lub rozwałkuj wałkiem pomiędzy dwoma kawałkami papieru woskowanego.
b) Piec w 350° przez 15 minut. WYDAJNOŚĆ: 1 ciasto.

91. Deser Jabłkowy Fantasy

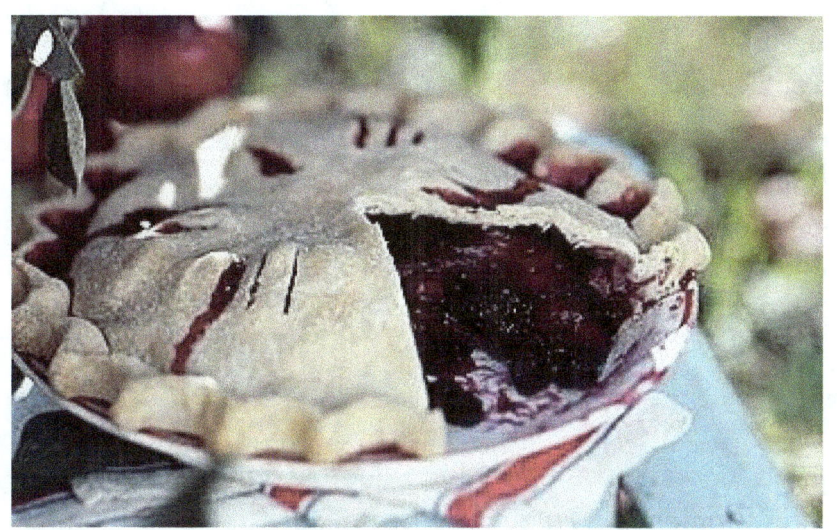

Składniki:

- 2/3 w. mąka
- 3 łyżeczki proszku do pieczenia
- 1/2 łyżeczki soli
- 2 jajka
- 1c. cukier granulowany
- 1/2 dol. brązowy cukier
- 3 łyżeczki wanilii lub rumu lub bourbon
- 3c. Jabłka pokrojone w kostkę

Wskazówki:

a) Ubić jajka, dodać cukier i wanilię i dobrze ubić. Dodaj suche składniki i wymieszaj. Wrzuć jabłka i mieszaj do równomiernego rozprowadzenia. Włóż do głębokiego naczynia do pieczenia lub naczynia do sufletu.

b) Piec 45 minut w 350. Podawaj na ciepło.

92. Lody o smaku awokado

Składniki:

- awokado
- sok cytrynowy
- 1 puszka (400ml) pełnotłustego mleka kokosowego
- 1 szklanka / 100g preferowanego słodzika w płynie, takiego jak syrop klonowy lub syrop z agawy

Wskazówki:

a) Wstaw puszkę mleka kokosowego do lodówki na noc.
b) Przekrój awokado na pół, wyjmij pestkę i wyciśnij miąższ awokado.
c) Miąższ awokado włożyć do robota kuchennego razem z sokiem z cytryny i zmiksować na idealnie gładki krem z awokado.
d) Otwórz puszkę po mleku kokosowym do góry nogami (tak, aby twarda śmietana była na wierzchu).
e) Wysypuj krem kokosowy, aż trafisz na wodę kokosową
f) Ubij śmietankę kokosową w misce na miękką, miękką bitą śmietanę kokosową. Dodaj śmietanę z awokado i syrop ryżowy i mieszaj, aż się połączą.
g) Włóż lody do naczynia z zamrażarką.
h) Umieść go w zamrażarce na co najmniej 4 godziny.
i) Jeśli po 4 godzinach jest zbyt trudne do wyciągnięcia łyżką, pozostaw ją w temperaturze pokojowej na minutę lub dwie. Cieszyć się!

93. Ciasto z kremem bananowym

Składniki:

- 3c. MLEKO SOJOWE (58)
- 1/2 dol. miód
- 1/2 dol. surowe orzechy nerkowca
- 1/4 łyżeczki soli
- 1/3 w. skrobia kukurydziana
- 2 łyżeczki wanilii
- 1/3 w. pestki daktyli
- 2-3 pokrojone banany

Wskazówki:

a) SKRÓCIĆ wszystkie składniki z wyjątkiem bananów. Wlać do rondla i gotować na średnim ogniu, aż zgęstnieje, ciągle mieszając. Wlej cienką warstwę mieszanki „custard" do upieczonej skorupki ciasta lub warstwy granoli, a następnie DODAJ warstwę pokrojonych bananów.

b) Powtórz, a następnie dodaj pozostały krem i udekoruj pokrojonymi migdałami. CHŁODZIĆ przez noc i podawać na zimno.

94. Jagodowy głupiec

Składniki

- 1 opakowanie (12 uncji) mrożonych malin lub truskawek (nie w syropie), rozmrożonych
- 1/4 szklanki plus 1 łyżka cukru, podzielone
- 1 szklanka ciężkiej śmietany do ubijania

Wskazówki

a) W blenderze lub robocie kuchennym połącz maliny lub truskawki z 1/4 szklanki cukru. Miksuj, aż jagody zostaną zmiksowane, w razie potrzeby zeskrobując boki.

b) W dużej misce ubij gęstą śmietanę mikserem, aż uformują się miękkie piki. Dodaj pozostałą 1 łyżkę cukru i kontynuuj ubijanie, aż uformują się sztywne szczyty.

c) Za pomocą gumowej szpatułki delikatnie ułóż puree malinowe, pozostawiając smugi białej śmietany do ubijania. Przełóż łyżkę do czterech pojedynczych szklanek parfait. Wstaw do lodówki na 2 godziny, a następnie podawaj.

95. Tiramisu z jagodami

Składniki

- 1 1/2 filiżanki parzonej kawy
- 2 łyżki Sambuca
- 1 łyżka cukru pudru
- 1-funtowy pojemnik serka mascarpone
- 1/4 szklanki ciężkiej śmietany
- 2 łyżki cukru cukierniczego
- Ciasteczka biszkoptowe
- Kakao w proszku
- 2 szklanki mieszanych jagód

Wskazówki

a) W płytkiej misce wymieszaj razem 1 1/2 filiżanki parzonej kawy, 2 łyżki Sambuca i 1 łyżkę cukru pudru, aż cukier się rozpuści.

b) W osobnej misce wymieszaj jeden półkilogramowy pojemnik serka mascarpone, 1/4 szklanki gęstej śmietany i 2 łyżki cukru cukierniczego.

c) Używając wystarczającej ilości biszkoptów, aby przykryć dno 8-calowej kwadratowej formy do pieczenia, zanurz biszkopty w mieszance kawy i ułóż równą warstwę na dnie patelni.

d) Rozłóż połowę masy z mascarpone na wierzchu. Powtórz dwie warstwy. Posyp kakao w proszku i 2 szklankami mieszanych jagód. Tiramisu należy przechowywać w lodówce przez co najmniej 2 godziny do 2 dni.

96. Karmelki z masłem i rumem

Składniki

- Olej roślinny do smarowania
- 2 szklanki zapakowanego jasnobrązowego cukru (14 uncji)
- 1 szklanka gęstej śmietany
- 1/2 laski (1/4 szklanki) niesolonego masła
- 1/4 łyżeczki soli
- 1/4 szklanki plus 1 łyżeczka ciemnego rumu
- 1/4 łyżeczki wanilii
- Wyposażenie specjalne: pergamin; termometr cukierkowy lub w głębokim tłuszczu

Wskazówki:

a) Wyłóż spód i boki 8-calowej kwadratowej formy do pieczenia papierem do pieczenia i pergaminem olejnym.

b) Zagotuj brązowy cukier, śmietanę, masło, sól i 1/4 szklanki rumu w ciężkim rondlu o pojemności od 3 do 4 litrów, mieszając, aż masło się rozpuści, a następnie gotuj na umiarkowanym ogniu, często mieszając, aż termometr zarejestruje 248° F (etap piłki twardej), około 15 minut. Zdjąć z ognia i dodać wanilię oraz pozostałą łyżeczkę rumu. Wlać do formy do pieczenia i całkowicie schłodzić, aż będzie twarda, przez 1 do 2 godzin.

c) Odwróć karmel na deskę do krojenia, a następnie wyrzuć pergamin i obróć karmel błyszczącą stroną do góry. Pokrój na 1-calowe kwadraty.

97. Kandyzowana skórka cytrusowa

Składniki:

- skórka z 4 cytryn, 3 pomarańcze lub 2 grejpfruty
- 1 szklanka cukru
- 1/3 szklanki wody

Wskazówki

a) Najpierw gotuj skórkę na wolnym ogniu w 1 kwarcie wody przez 6 min. Odcedź, spłucz zimną wodą i odstaw na bok. Zagotuj cukier i wodę.
b) Gdy cukier się rozpuści, przykryj patelnię i gotuj kilka minut, aż ostatnie krople syropu opadną z końcówki metalowej łyżki, tworząc nić. Zdjąć z ognia, dodać skórkę i zaparzać przez 1 godz.
c) Gotowy do użycia lub przechowywany w lodówce.

98.   Kardamonowo-Kokosowa Panna Cotta

Składniki

- 1 szklanka niesłodzonych płatków kokosowych
- 3 szklanki gęstej śmietany
- 1 szklanka maślanki
- 4 zielone strąki kardamonu, lekko zmiażdżona sól koszerna Szczypta
- 2 łyżeczki granulowanej żelatyny
- 1 łyżka wody
- ⅓ szklanka cukru pudru
- łyżeczka wody różanej

Wskazówki

a) Rozgrzej piekarnik do 350°. Rozsyp kokos na blasze i włóż do piekarnika. Piecz, aż się przyrumieni i zrumieni, około 5 minut. Wyjąć z piekarnika i odstawić.

b) W średnim rondlu na średnim ogniu wymieszać śmietanę, maślankę, kardamon i sól i zagotować. Zdejmij patelnię z ognia, dodaj prażony kokos i odstaw na 1 godzinę. Przecedź mieszaninę przez sito o drobnych oczkach i odrzuć ciała stałe.

c) W średniej misce połącz żelatynę i wodę. Odstawić na 5 minut.

d) W międzyczasie ponownie rozgrzej rondel na średnim ogniu, dodaj cukier i gotuj, aż cukier się rozpuści, około 1 minuty. Ostrożnie wylej odcedzoną śmietankę na mieszankę żelatyny i ubij, aż żelatyna się rozpuści. Ubij wodę różaną i podziel mieszaninę na 8 kokilek o wadze czterech uncji. Wstawić do lodówki i schłodzić do stwardnienia, co najmniej 2 godziny do nocy

e) Zrób kandyzowane płatki róż: Blachę do pieczenia wyłóż papierem do pieczenia. W małej misce wymieszać cukier i kardamon. Użyj pędzla do ciasta, aby posmarować obie strony każdego płatka róży białkiem jaja i ostrożnie zanurz w cukrze. Odstawić do całkowitego wyschnięcia na papierze pergaminowym

f) Podawaj schłodzoną panna cottę i udekoruj każdą porcję płatkami róż.

99. Krem brulee z cykorii

Składniki:

- 1 łyżka masła
- 3 szklanki gęstej śmietany
- 1 1/2 szklanki cukru
- 1 szklanka kawy z cykorii
- 8 żółtek jajek
- 1 szklanka cukru surowego
- 20 małych kruchych ciasteczek

Wskazówki

a) Rozgrzej piekarnik do 275 stopni F. Posmaruj 10 (4 uncji) kokilek. W rondelku na średnim ogniu wymieszać śmietankę, cukier i kawę.
b) Ubijaj, aż będzie gładka. W małej misce ubij jajka, aż będą gładkie. Temperuj żółtka do gorącej śmietany. Zdejmij z ognia i ostudź. Kadzi do poszczególnych kokilek. Kokilki włożyć do naczynia do pieczenia.
c) Napełnij naczynie wodą z połowy kokilki. Umieścić w piekarniku na dolnym ruszcie i gotować, aż środek się zetnie, około 45 minut do 1 godziny.
d) Wyjmij z piekarnika i wody. Fajnie całkowicie.
e) Wstaw do lodówki do schłodzenia. Posyp cukrem po wierzchu, strzepując nadmiar. Używając ręcznej pochodni, skarmelizuj cukier na wierzchu. Podawaj krem brulee z kruchymi ciasteczkami.

100. Miętowe Fondue Czekoladowe

Składniki:
- 1/2 szklanki ciężkiej śmietany
- 2 łyżki likieru miętowego
- 8 uncji półsłodkiej czekolady

Wskazówki
a) Śmietankę gęstą podgrzej na średnim ogniu
b) Dodaj likier
c) Czekoladę zetrzyj na tarce lub połam na małe kawałki i powoli dodawaj do masy, mieszając
d) Mieszaj, aż czekolada się rozpuści

WNIOSEK

Białko i tłuszcz to podstawowe makroskładniki odżywcze, które wspierają wszystkie ważne struktury w twoim ciele. Wydobycie idealnego deseru ze sklepowej półki to nie lada wyzwanie. Nie możesz łatwo znaleźć Deseru, który byłby jednocześnie odżywczy i zdrowy, a jednocześnie zawierałby Twoje ulubione składniki.

Jeśli jesteś fanem tych dekadenckich smakołyków, ale boisz się nakarmić się konserwantami i nadmiernym cukrem, ta książka kucharska jest dla ciebie wolna od poczucia winy. Dzięki wyborowi przepisów napakowanych białkiem po przepisy naładowane tłuszczem, nigdy się nimi nie znudzisz.

www.ingramcontent.com/pod-product-compliance
Lightning Source LLC
Chambersburg PA
CBHW070656120526
44590CB00013BA/979